乡村治理典型案例

全国乡村治理示范村镇
典型经验（河北篇）

农业农村部农村合作经济指导司
河北省农业农村厅 编

中国农业出版社
北 京

图书在版编目（CIP）数据

全国乡村治理示范村镇典型经验. 河北篇 / 农业农村部农村合作经济指导司，河北省农业农村厅编. —北京：中国农业出版社，2020.9
ISBN 978-7-109-27125-8

Ⅰ.①全…　Ⅱ.①农…　②河…　Ⅲ.①农村—群众自治—研究—河北　Ⅳ.①D638

中国版本图书馆CIP数据核字（2020）第133921号

全国乡村治理示范村镇典型经验（河北篇）
QUANGUO XIANGCUN ZHILI SHIFAN CUNZHEN DIANXING JINGYAN（HEBEIPIAN）

中国农业出版社出版

地址：北京市朝阳区麦子店街18号楼
邮编：100125
责任编辑：张丽四
责任校对：赵　硕
印刷：中农印务有限公司
版次：2020年9月第1版
印次：2020年9月北京第1次印刷
发行：新华书店北京发行所
开本：787mm×1092mm　1/16
印张：14.5
字数：260千字
定价：95.00元

丛书编辑委员会

本书编辑委员会

前言

　　乡村治理是国家治理的基石，不仅关系到农业农村改革发展，更关乎党在农村的执政基础，影响着社会大局稳定。党中央、国务院对乡村治理工作高度重视。党的十八大以来，习近平总书记对乡村治理作出了一系列重要论述，系统阐述了新时代乡村治理工作的重大理论和实践问题，为提高乡村现代化治理水平、维护农村社会和谐稳定指明了方向、提供了遵循。党的十九大、十九届四中全会以及近年来的中央1号文件和有关党内法规，都对乡村治理提出了明确要求。2019年6月，中共中央办公厅、国务院办公厅印发《关于加强和改进乡村治理的指导意见》，对当前和今后一段时期乡村治理工作作出全面部署。近年来，各地认真贯彻落实中央决策部署，加强农村基层党组织建设，深化村民自治实践，推进法治乡村、平安乡村建设，深入开展社会主义核心价值观教育，加强乡风文明建设，涌现出了一大批好做法好经验。

　　为推动各地在乡村治理过程中形成争先创优、比学赶超的良好氛围，挖掘和打造一批乡村治理的引领力量，带动全国乡村治理体系建设，2019年中央农村工作领导小组办公室、农业农村部、中央宣传部、民政部、司法部5部门组织开展乡村治理示范村镇创建工作，共同认定了99个全国乡村治理示范乡镇和998个全国乡村治理示范村。这些示范村镇都是各地优中选优推荐的，其做法和经验各具特色，有很强的典型性、创新性和可操作性，对全国其他乡镇、村有很强的学习借鉴意义。为更好地宣传推广这些典型经验，发挥其示范引领作用，我们组织各省（自治区、直辖市）农业农村（农牧）厅（局、委）进一步归纳提炼，编辑出版了这套《全国乡村治理示范村镇典型经验》系列图书。学习借鉴这些典型经验做法，要充分考虑本地自然条件、经济水平和历史文化传统，针对农民群众最关心、最现实、最迫切的问题，探索形成符合本地实际的乡村治理方法模式，切实解决乡村治理的难点、痛点和堵点。

当前，我国农村正经历着从传统社会向现代社会转变的巨大变革，乡村治理也面临着新的历史使命，我们要深入学习贯彻党的十九大、十九届四中全会精神，完善党委领导、政府负责、民主协商、社会协同、公众参与、法治保障、科技支撑的乡村治理体系，构建共建共治共享的治理格局，走中国特色社会主义乡村善治之路，确保治理成果真正惠及农民群众，为建设充满活力、和谐有序的乡村社会做出新贡献，努力推动国家治理体系和治理能力现代化。

丛书编辑委员会

2020年5月

目录

承德市宽城满族自治县化皮溜子镇

党建引领　产业带动　治理有效

编者按： 作为全国乡村治理示范镇，承德市宽城满族自治县化皮溜子镇通过打造三支干事创业队伍、发展三大主导产业、构建自治、法治、德治"三治"体系，推行"333"乡村治理机制，探索出一条乡村治理有效路径，为乡村振兴提供了可复制、可推广的经验。

承德市宽城满族自治县化皮溜子镇位于河北省西北部，镇域面积1.78千米²，全镇辖6个行政村，共3131户10261口人，其中满族人口占80.6%。作为全国第二批满族风情特色小城镇、河北省"花果满乡"乡村振兴示范区、全国乡村治理示范镇，化皮溜子镇坚持把治理体系和治理能力建设作为主攻方向，努力构建党委领导、政府负责、社会协同、公众参与、法治保障、科技支撑的现代乡村社会治理体制，以自治增活力、以法治强保障、以德治扬正气，构建了共建共治共享的社会治理格局，打造了集满族风情、文旅产业、古村文化于一体的美丽休闲乡村，推行"333"乡村治理机制，探索出了一条取之于民、利之于民、人人参与、合力共建的可持续发展路径，乡村治理成效明显（图1）。

一、以党建为引领，打造三支干事创业队伍

化皮溜子镇高度重视党建的示范引领作用，以党的建设促进经济、社会管理、文化等各项工作，全力打造乡镇干部团队、村"两委"班子和镇村党员三支干事创业队伍（图2）。

打造三支干事创业队伍	打造三大主导产业	建立"三治"治理体系
·打造一流的乡镇干部团队 ·打造一流的村"两委"班子 ·打造一流的镇村党员队伍	·主打林果产业 ·大力发展旅游业 ·全力发展绿色有机农业	·群众自治 ·依法治村 ·德治引领

图 1　化皮溜子镇"333"乡村治理机制

图 2　干部队伍建设

一是打造一流的乡镇干部团队。以习近平新时代中国特色社会主义思想为统领，制定细化了《镇村干部守则》，所有岗位实行精细化管理。在急难险重等工作中历练年轻干部，在征地拆迁、脱贫攻坚、拆违治乱、疫情防控等工作中给年轻干部压担子，全镇事争一流、团结奋进的团队意识促进了各项工作扎实有效开展。

二是打造一流的村"两委"班子。在换届中，全镇6个村全部实现了书记、主任一人兼。通过以干带训、组织各种针对性较强的培训，通过走出去学习考察，提高村干部的整体素质，村干部带富领富能力明显增强。

三是打造一流的镇村党员队伍。一个党员就是一个坚强的战斗堡垒。以活动为载体，通过举行丰富多彩的活动增加党员的凝聚力、战斗力、向心力。举办"听党话、感党恩、跟党走"活动，组织镇村全体党员去革命圣地王厂沟村学习，把说教变为行动，内化于心，外化于行。尤其是对镇村无职党员的日常规范化管理的加强，在打造一流镇村党员队伍中起到了至关重要的作用。

二、以产业为龙头，打造三大利民富民主导产业

实现乡村振兴，产业兴旺是基础。牢固树立绿色发展理念，建设现代版富春山居图。

一是主打林果产业。针对化皮溜子镇的资源禀赋，大力发展苹果、山楂、板栗等林果产业，建设"花果满乡"，打响打亮林果品牌，注册了"硒富"苹果商标，并通过了绿色有机认证，利用京津冀一体化的有利时机，打入京津各大超市，极大地提高了农民收入。林果业成为化皮溜子镇的主导产业（图3）。

图3　林果产业——"硒富"苹果

二是大力发展旅游业。利用镇内自然、人文资源，大力加强全域旅游化

建设。加强镇域内软硬环境建设。马架沟村内建设的花溪城旅游项目，是河北省十大精品旅游项目（图4）。该项目依靠旅游业带动经济发展，极大促进了宽城县经济转型，促进了宽城经济发展。西岔沟村、任杖子村作为全国少数民族特色村寨，吸引了众多旅游爱好者前来观光游览。

图4　旅游产业——花溪城水上乐园

三是全力发展绿色有机农业。 全镇提出"与化肥农药绝缘"的口号，大力发展绿色有机农业。扶持农业龙头企业，菁润、沃香园的绿色蔬菜、草莓水果供不应求，草莓卖到了每千克120元，极大地促进了村民增收（图5）。

图5　绿色有机农业——菁润生态农业观光园区

三、以乡村振兴为载体，健全"三治"结合的治理体系

一是群众自治。提高群众参政意识和参政习惯，征地拆迁、项目建设、脱贫攻坚、环境保护等村内重要事情由村民代表、村民大会表决，依法公开；村"两委"会联合村民代表、新乡贤理事会以及道德评议会、红白理事会等成员共同制定出符合本村实际情况的村规民约；成立了人居环境整治能人队伍，共同参与镇党委关于环境整治工作的决策部署；积极发动全民共建美丽家园倡议书，组织党员、村民代表带头示范，组建村庄清洁志愿服务队，每家每户义务出工，包户"自治"，小组长包片联动，广泛发动群众自清，全镇党员、村民代表带头示范480余人，共发动群众自清3100余人次，全力改善村庄脏乱差局面。

二是依法治村。全镇实行镇、村、组三级包保责任制，发动全民参与扫黑除恶专项斗争，设立举报意见箱，鼓励群众积极检举、揭发涉黑涉恶犯罪线索。健全镇、村、组综治网络建设，配齐村级治安员、中心户长和平安志愿者，定期组织村级治安员参加县、镇培训，加强治安员工作治理能力，村级治安员和治安巡逻队在重大节假日、特殊敏感期进行巡逻，发现问题第一时间进行处理，防止重大事件的发生。

三是德治引领。建设公民道德教育中心，拓展"七个一"移风易俗示范建设（召开一次镇村干部大会，各村召开一次村民大会，与各村签订一份责任状，学校上一堂文明新风进校园课，群众签订一份《移风易俗承诺书》，给每户村民下发一份宣传单，办好一次培训班），以德扬正气，多形式推动社会主义核心价值观落细落小落实。

秦皇岛市卢龙县刘田各庄镇

以机制为引领　开创乡村治理新局面

编者按： 近年来，刘田各庄镇坚持构建自治、法治、德治相融合的乡村治理体系，并作为农村工作的重中之重，以党建引领乡村治理的原则，完善思路举措力促经济发展，着眼全面小康实施精准扶贫，围绕和谐稳定加强法制建设，构建共建共治共享的社会治理格局。

一、建立党建引领工作机制

一是强化党委主体责任。 坚持每月召开基层党建工作会、村书记工作例会，认真落实"三会一课"制度，统筹推进基层党建工作发展。建立基层党建责任、问题、整改清单，每半年对村书记进行党建专项考核，持续开展农村"两委"干部"双述双评"活动，夯实党建工作责任体系（图1）。完善党建联席会议和兼职委员制度，以"大党建"统领各类机构科学运转，确定4家成员单位、选配4名兼职委员参与联建共建，共同商讨解决党的建设和区域治理中的重要事项和热点难点问题，推动实现基层各类机构资源共享、协调运转。

二是推动引领基层治理。 76个行政村全面推进

图1　基层党建述职

村党支部、村民委员会、村务监督委员会、综合服务站、保洁队和经济合作社协调联动的"六位一体"治理架构，设立镇、村两级党群服务中心，强化领办、代办事项服务，以流程再造打破部门壁垒，加快建立统筹联动、一体推进的治理工作机制，形成"拳头效应"。

二、加强村级干部队伍建设

一是选优配强干部队伍。刘田各庄镇在村"两委"换届中坚持"3+1"换届目标，50周岁以下支部书记占85.5%，高中以上学历占96.1%，致富带头人占98.7%，书记、主任"一人兼"65人，占比85.5%，保证了村干部队伍年轻化、知识化、能力化、效率化。

二是创新务实谋划培训。年初由镇党委研究讨论年度村干部培训内容，结合孤竹夜校刘田各庄分校（图2）制定下发培训方案，每年坚持开展8期农村"两委"干部培训班，实行"教""学"双方互动，在学习领会规章制度、上级文件等"必修课"的基础上，增加"清化收"、乡村振兴、基层党建等方面的业务课，邀请优秀教授、支部书记开展经验式学习辅导，村干部带着问题学、带着问题干，通过学中干、干中学，做到导向受培训，侧重补短板，切实将村干部教育培训抓实、抓细、抓出实效，建强乡村治理体系队伍。

图2 孤竹夜校刘田各庄分校

三、构建乡村法治结构框架

一是规范村级事务运行。在全镇范围内开展"村级小微权力清单"制度，印制"村级事务流程图"，分类确定村级事务小微权力清单60条，明确要求权力清单内容、规章制度、运行程序、运行过程、运行结果"五公开"。

村内事务先由村党小组提出，交村"两委"及村民代表会议讨论表决，之后由村委会实施，并接受全体村民监督，各项制度规范化、公开化，坚持科学规划、民主参与，让法治乡村有源头活水。

二是畅通群众诉求机制。学习借鉴"枫桥经验"，认真落实"五包一"稳控责任，大力推行"五诊"工作法，对外开门"坐诊"，做到接访领导、接访时间、地点全部公开；领导干部"出诊"，变上访为下访，深入基层体察民情，带案下访赢

图3　深入基层体察民情

得民心（图3）；突发问题"急诊"，主动约访，零距离倾听信访群众呼声；疑难问题"会诊"，充分发挥集体智慧，研究化解方案；定期组织"复诊"，及时解决回访中发生的新问题，有效控制集体上访、重复上访事件的发生。

三是创建和谐稳定社会氛围。依托新时代文明实践站、所建设，组织志愿者队伍，各村建立治安巡逻队74个，确保各种防范措施落到实处，发放宣传单2万余份，悬挂条幅60余条，营造浓厚的"扫黑除恶"宣传氛围，为乡村法治结构框架建设奠定有利基础。

四、提升乡村社会治理能力

一是扎实开展"不忘初心、牢记使命"主题教育。组织党员干部参观冀东抗战纪念馆和县党员组织生活馆，重温入党誓词，增强党性修养；通过党建工作组、孤竹夜校学员、包村包片机关干部宣讲的形式，讲党课158场，起到了领学、带学、帮学、促学的作用，进一步强化村党支部为民服务的责任意识，充分发挥共产党员的表率作用；自编自导自演象征卢龙革命精神的情景剧《北山岁月》，用群众喜闻乐见的形式传承红色基因，并在全镇76个

行政村进行巡演，切实做到凝聚人心、振奋精神、生发激情，为乡村治理体系注入"德治"强大精神动力（图4）。

图4　情景剧《北山岁月》

二是不断壮大村级集体经济。实行"支部引路、党员带路、产业铺路"的机制，瞄准特色产业突出、领富带富能力强的村，发挥村"两委"干部、党员和致富带头人的作用，推动中草药种植、特色林果、鲜食甘薯、设施蔬菜等产业发展，着力打造了马时庄、凉水泉、六百户、前下荆子等4个党建示范点，辐射带动周边村晋档提升，为经济发展持续"造血"，确保村集体"有钱办事"。通过党建引领促集体经济发展，在村内形成"共商共治"的良好局面，夯实乡村治理根基。

三是深化"攀穷亲、送温暖、强党建、助脱贫"活动。充分发挥全镇76个党建工作组作用，通过开展日常慰问、政策宣讲，送技术、送信息，把发展短平快项目和发展全域旅游、培育农业特色产业结合起来，在与双发生猪养殖合作社、秦皇岛丰禾农业有限公司等7大扶贫载体合作的基础上，与左右生态农业科技有限公司牵手增加果树代管项目，保证584户869个贫困人口持续稳定增收。通过村民对扶贫事务的参与，营造村庄共享发展的机制和氛围，促进乡村治理出"实效"。

保定市曲阳县齐村镇开创
夯基础　建机制　促振兴

编者按：曲阳县齐村镇紧紧围绕如何规范农村干部履职行为以焕发最佳状态，如何提升基层党组织组织力以突出政治功能，如何推进基层社会治理现代化以助力乡村振兴三个方面创新和发展新时代"枫桥经验"，探索推行"三力三治"乡村治理模式，通过农村基层党组织领导力、党员和村民代表带动力、农村社会组织影响力"三力"联动，加快自治、法治、德治"三治"融合，努力打造共建共治共享的农村社会治理格局。开创了乡村治理新模式。

　　齐村镇地处河北省保定市曲阳县西北部山区，属于燕山—太行山集中连片特困地区，是王快水库移民乡。全镇国土面积78.6千米²，辖21个行政村，其中贫困村17个，总人口1.88万，2015年贫困发生率为19.49%，目前已整体脱贫。2018年，在高标准完成村"两委"换届工作后，为做好换届"后半篇文章"，加强基层政权建设和基层社会治理工作，齐村镇大胆创新实践，在借鉴先进地区成功经验的基础上，充分结合乡村实际，开创了"三力三治"乡村治理新模式。

一、三力联动，集聚乡村振兴新动能

（一）全面增强基层党组织领导力

　　对农村干部实行激励清单、负面清单、免职清单"三单"管理和"红绿点"记账制度，每违反负面清单中一项，记红点一枚；完成激励清单中一项，记绿点一枚；所记红绿点数量与职务补贴挂钩；年度内累计红点6枚以上或违反免职清单中任意一项的，启动问责程序，并责令村干部辞职或免除其职务。

（二）充分发挥党员村民代表带动力

对农村党员和村民代表采取明岗定责、自愿承责、履职尽责的形式，村党组织对党员和村民代实行积分管理，建立动态考评机制，督促党员和村民代表在为村办事、为民服务上履岗尽责，做到"一个党员一面旗、一个代表一盏灯"。

（三）有效释放社会组织的影响力

坚持依靠群众、发动群众，在党组织指导下，培育和发展"三会三团"，引导群众积极参与农村社会治理。组建新乡贤参事会，向镇党委提供决策咨询、社情民意反馈，并参与监督评议，开展帮扶互助；组建百姓议事会，在村内制定公共政策、做出重大决策时，向村党组织提出建设性参考意见；组建红白理事会，通过完善各项规章制度、明确操办标准，采取约束性强的措施，树立勤俭节约文明新风；组建道德评判团，经常性开展道德宣传教育和文化礼仪活动，培育农村崇德向善、积极向上良好风尚；组建法律顾问团，为镇、村两级日常工作和群众提供法律咨询服务和业务指导；组建百事服务团，以便民服务室为平台，召集具有一技之长和便民服务能力志愿者、整合各类社会服务资源，构建全方位为民服务网络。

二、"三治"融合，推进基层治理现代化

（一）以自治为基础，全面提升农村民主管理水平

建立"村片点"三级网格体系，综合考虑地缘、血缘、人缘等因素，每15～30户一个网格，3～5个网格为一个网格片，每村为一个总网格。总网格长由村党组织书记担任，网格片长由村"两委"干部担任，网格员由有能力的党员和村民代表担任。将各项重点工作全部融入网络，通过网格将政策落实、民生诉求、服务管理精准到户到人，实现"人在格中走，事在网里

办"。大力推行"1421"村务运行机制，所有村级重大事项和与农民群众切身利益相关的事项都必须在村党组织领导下，按照"一听"（听取百姓议事会意见建议）、"四议"（党支部提议、村两委商议、党员大会审议、村民代表会决议）、"两公开"（决策结果公开、实施过程公开）、"一监督"（村监会全程监督）程序决策实施。

（二）以法治为保障，逐步把基层社会治理纳入法治化轨道

构建县法院、司法局、镇法庭、司法所、派出所、村民调、新乡贤能人等县乡村三级联动、多方力量参与、矛盾纠纷化解机制。建立由司法人员、基层干部、乡贤精英共同组成的矛盾调解人力资源库，将县人民法院、县司法局指定法官、律师、法务工作者等人才资源，组建专业顾问团队，为镇村两级提供法律咨询服务和业务指导（图1）。

图1　一线调处矛盾纠纷

（三）以德治为引领，不断夯实乡村社会治理道德根基

结合村情实际，修订完善村规民约，建立健全村规民约监督执行和奖惩机制；依托道德评判团，褒扬好人好事、文明新风，推进移风易俗。设立"红黑榜""曝光栏"，评判正反两方面典型，倡导群众"学"身边典型和榜样，"改"自身的缺点和毛病，在广大群众中树立崇德光荣、失德可耻价值导向，提升群众思想道德水平（图2）。

图 2　乡村治理先进人物表彰

三、春风化雨，促进社会治理高效化

经过探索实践，"三力三治"乡村治理模式给齐村镇带来新变化。农村干部有了激情，党员代表有了活力，老百姓有了精气神，党组织领导更加有力，党群关系更加融洽，乡风民风更加文明，社会环境更加和谐，农民群众的获得感、幸福感、安全感得到全面提升。

（一）村党组织组织力显著提升

村党组织建设进一步规范，"三会一课"、民主评议党员、组织生活会、"党员活动日"等制度得到有效落实（图3）。党员和村民代表身份意识、责任意识普遍增强，"党员活动日"到会率由原来的1/2提高到2/3，部分村达到90%以上。通过临时党组织、微信传送、网络学习等，外出党员教育管理制度初步建立。

（二）基层干部作风有效转变

农村干部在岗率、出勤率明显提高，全镇村干部在岗率由原来60%左右提高到85%，出勤率增加40%，"两委"干部凝聚力、战斗力显著提升。所有重大事项全部执行"1421"村务运行机制，坚持村党组织的领导，提高了党员群众民主参与度，"给百姓一个明白，还干部一个清白"，干群关系更加密切，干群矛盾明显减少。从制度推行至今，全镇21个村没有发生一起因村内重大事项不透明、不公开引起的干群矛盾和群众反映问题事件。

图3　"党员活动日"重温入党誓词

（三）乡风村风更加文明

各村村规民约更加切合实际、简便易行，村民知晓率和认可度全面提高，遵守、监督、表彰、处罚机制全面建立。红白事铺张浪费问题得到彻底解决，红白事花费比以往平均减少1.7万～2.3万元；"红黑榜"鼓励鞭策作用全面发挥，孝老爱亲、爱护环境、文明礼让良好风尚深入人心。

（四）社会局面和谐稳定

通过构建"一村一网"，上级各项决策部署能够快速精准落实到每家每户，群众诉求也能第一时间得到反映和解决；绝大部分网格员能在能力范围内及时调解网格内家庭矛盾、邻里纠纷。2019年，到镇以上反映问题数量同比下降76%，矛盾纠纷一线化解成功率提高61%，基本实现了"小事不出村、大事不出乡"。

沧州市任丘市辛中驿镇
孝善文化建设　助力乡村振兴

编者按： 乡村治理是新时代农村发展的重要课题，为有效推进乡村治理工作，辛中驿镇党委、政府以孝善文化建设为动力，全力打造"孝善名镇"，用习近平新时代中国特色社会主义思想与优秀传统孝善文化相结合的新办法，探索出一条乡村治理的新道路，助力乡村振兴，实现全镇和谐稳定高质量发展。

一、基本情况

辛中驿镇南接河间、西邻高阳，是任丘的"南大门"，下辖25个行政村，42000多人，东部开放富裕，仅流动人口就有近万人，西部相对封闭落后。辛中驿是任丘的"经济重镇"，同时也是曾经的"信访大镇"。近年来，辛中驿镇党委、政府提出了以"孝善"为核心的乡村治理新主张，以中华传统孝道文化为基础，大力弘扬新时代孝善文化，打造"孝善名镇"，通过设立孝善基金、开展孝善信用评定、孝善文化进校园和移风易俗等多种举措，实现了"三个转变"：婚丧大办到文明节俭；孝道式微到崇孝向善；信访大镇到文明富镇。文明乡风日益浓厚，乡村振兴初见成效，社会治理更加有效。

二、主要内容

一是坚持正向引领，村村设立孝善基金。 2018年，在镇党委、政府的倡导推动下，全镇25个村纷纷成立孝善基金。募捐开始后，村"两委"干部、党员和村民代表积极带头捐款，善心企业家和广大村民纷纷慷慨解囊，仅用21天的时间，孝善基金接受捐款总额就达到了321.25万元。通过持续的宣传发动，目前，孝善基金总额已达到350万余元。该基金可增不能减，增值部分用于表彰孝老爱亲、善行义举的模范典型（图1）。

图1 孝善基金捐款名单

在抓好筹建工作的同时，辛中驿镇还通过制度约束，指导各村成立孝善基金理事会，完善管理办法，规范发放程序，强化村民监督，切实提升孝善基金管理水平，确保基金保值增值、安全、高效、可持续运行。目前孝善基金使用比较成功且值得推广的是前台基寺村做法：将增值红利用于子女捐款的70周岁以上的前台村民享用。

二是坚持创业激励，户户拥有孝善信用。组织开展了"尽孝心、行善举，为自己储蓄——孝善擂台赛"，全镇25个村以户为单位，对全体村民进行"孝善信用"评定，结果张榜公示，激励先进，鞭策落后（图2）。

同时，我镇通过积极协调和努力，村、镇银行同意直接采用我镇的信用评定结果，给予农户无抵押无担保贷款支持，而且，对孝善信用等级越高的农户，给予贷款授信额度越大，利率越低。

图 2　"孝善擂台赛"动员部署会

　　三是坚持教育支撑，班班开设孝善课堂。坚持孝善从学生抓起，持续广泛推动"孝善文化进校园、进课堂"，扎实开展"七个一"孝善主题活动。①读一本孝善文化书籍；②讲一个孝善经典故事；③做一件敬老爱老好事；④写一篇孝善感悟文章；⑤绘制一面孝善文化墙；⑥举行一次敬老孝老国旗下讲话；⑦组织一次孝善少年评比活动。通过形式多样、内容丰富的孝善活动，引导学生将孝善内化于心、外化于行、固化于性，为文明乡风播下希望的种子，让孝善文化在这里生根发芽，世代相传（图3）。

图 3　"孝善文化进校园"活动现场

　　四是扎实开展乡村文明，全域推行移风易俗。 全域推行了丧事简办，强力推行"三取消、三从简、一生态"（取消外围亲属戴孝，一律戴黑纱或白花致哀；取消吹唱、歌舞乐队，一律音箱致哀；取消宴席，一律大锅菜；罩棚从简，只搭棚不扣罩；花圈纸活从简，只允许一套车马；食货桌从简，最多只摆两桌；鼓励有条件的村，实行生态墓），大张旗鼓革除陈规陋俗，树立厚养薄葬、文明节俭、生态环保的殡葬新风尚。2018年初，全镇25个村全部召开党员和村民代表大会讨论通过了《辛中驿镇移风易俗指导意见》，并将其纳入村规民约，共同遵守执行。仅此一项，每件丧事约可减轻农民负担6000~30000元。

三、取得成效

　　在孝善基金成立后，辛中驿镇认真组织开展好"评先进、树典型、晒家风"系列活动，选树一批"孝老爱亲、善行义举"的先进典型。目前，全镇25个村共推选出孝善家庭173个，孝老爱亲典型、善行义举模范191人，慰问老党员47人、困难群众20人，发放孝善基金82200元。通过系列评选表彰活动，褒奖群众看得见、学得到的孝善典型，推崇凡人善举，进一步激励全镇干部群众孝老爱亲，向善向好。

　　通过孝善信用评定，全镇已完成签约授信群众755户，189户养殖、种植、车床加工户赢得贷款3200余万元，老百姓尝到了孝善的甜头，尽孝心行善举就是为自己"储蓄"的理念深入人心，崇孝向善的文明乡风愈发浓厚。通过信用评定，实现了对村民的有效制约管理，进而更好地为村民服务，实现了发展经济、社会和谐，助力乡村振兴。

　　通过持续推行孝善文化，辛中驿镇村风民风得到极大改善提升，全镇善行义举和孝老爱亲行为已经蔚然成风，孝善氛围日益浓厚，在全镇乃至周边地区都具有一定影响力。孝善文化的不断深入推进，促进了全镇和谐稳定和精神文明建设，为乡村振兴注入了强大的道德力量。

邢台市威县梨园屯镇
积极开展"四动" 促进移风易俗

编者按：威县梨园屯镇从制度推动、活动促动、典型带动、社会互动四方面入手，扎实开展移风易俗工作。大批志愿者活跃在镇、村，志愿服务活动已成为弘扬优秀传统文化、建设和谐镇村的一张道德文化名片，进一步促进移风易俗工作逐步走上制度化、法制化、规范化的轨道。

梨园屯镇位于威县县城东部，下辖23个行政村，总人口3.8万，总面积54千米^2，财政收入连续5年位居全县前列。近年以来，梨园屯镇强化措施、加大力度，以改革、创新精神抓好移风易俗工作落实，努力打造新时代生态文明乡镇，先后荣获"全国乡村治理示范乡镇""河北省精神文明乡镇""省级宣传文化先进乡镇""全省新型城镇化试点""邢台市村'两委'换届先进乡镇"等荣誉称号。

一、制度推动，建档立规

加强党的领导是开展移风易俗工作关键。梨园屯镇健全工作机构，成立镇党委领导下、由镇长任组长的移风易俗工作领导小组，抽调全镇精干力量组成宣传发动、综合治理、督导考核等工作小组，具体负责全镇移风易俗工作组织、协调、调度（图1）。相继制定了定期例会、定期督导、定期通报和定期考评等制度。与各村支部书记签订《目标责任书》，制定了严格奖惩标准，把移风易俗工作纳入村级年度考核重要内容，作为评选"红旗村""优秀党支部书记"的重要依据。同时采取设立举报箱、完善道德评议会等措施，接受群众举报、接待群众来访，进一步促进移风易俗工作逐步走上制度化、法制化、规范化轨道。

图 1　梨园屯镇组织镇、村干部召开移风易俗工作调度会

为健全"两会一约"组织，梨园屯镇先后制订出台《关于进一步加强红白理事会、道德评议会和村规民约建设的实施方案》，全镇 23 个行政村成立红白理事会（理事会下设婚嫁服务队和殡葬改革服务队）、道德评议会，管理全村婚丧嫁娶等事项，禁止大操大办，既为家庭节省了经费、减轻了负担，又在社会上形成一种示范带动作用，有效杜绝奢侈浪费现象。通过发挥道德评议会作用，对一些不良现象，该曝光的曝光、该通报的通报、该处罚的处罚。

近年来，梨园屯镇先后出台《关于推动移风易俗树立新时代新风尚的实施意见》《关于开展"孝亲敬老"村创建活动的实施方案》等一系列文件，结合精准脱贫工作，把儿女每月给老人赡养费不少于 1000 元纳入各村村规民约中，通过制度约束，不断提升镇、村社会文明程度，推动社会主义核心价值观深入人心。

二、开展活动，倡树新风

为了大力倡导移风易俗，梨园屯镇把堵与疏有机结合起来，在加大专项治理的同时，安排工作资金，大力发展群众性文化体育事业，不断丰富群众精神生活，用先进文化占领乡村思想阵地。充分利用广播喇叭、黑板报、宣传栏、悬挂横幅、张贴标语等形式进行广泛宣传，重点宣传《婚姻法》《国务院殡葬管理条例》《公民道德建设实施纲要》等法律法规，宣传县委、县政府关于殡葬改革工作系列安排部署和政策措施。

近年来，梨园屯镇以"爱家乡、献良言、做贡献"活动为抓手，以成就展示、意见征集、岗位练兵为主要载体，组织全镇各层面开展丰富多彩主题活动100多次，引导全镇干部群众积极践行社会主义核心价值观。

由梨园屯镇牵头组织，邀请县委宣传部、县民社局、县总工会、团委、妇联等部门参与，在全镇23个村开展《高价彩礼，谁之痛》巡回宣讲活动，倡导更多群众成为移风易俗的践行者。2020年以来，梨园屯镇各村围绕移风易俗和文明乡风建设，利用农村文化教育阵地，自行开展各类健康有益、丰富多彩的主题活动多达100余次，参与人数达1万人以上（图2）。

图2　梨园屯镇组织镇村干部、群众代表召开移风易俗宣传培训会

三、典型带动，示范引领

从2016年起，东王曲村党支部书记带头倡导社会新风尚，努力建设孝道村，每月阴历十六定期举办饺子宴（图3）。梨园屯镇以培育孝亲敬老良好村风民风为重点，以建设"孝亲敬老"镇为目标，以东王曲村为样板，精心打造近20个孝亲敬老村。

图3　梨园屯镇东王曲村组织孝亲敬老饺子宴活动

通过微信互动、爱心聚餐等形式，指导每村每月定期开展1～2次孝亲敬老餐，并为老人开展文艺演出、洗脚晾被、免费义诊、义务理发等活动，产生较大社会影响，探索出一条以孝亲敬老村建设弘扬优良家风民风、推动社会治理社会化水平、培育社会主义核心价值观的成功路径。

在此基础上，全镇各村通过道德评议会和村委会普遍开展了"星级文明户""美好家庭""好婆婆""好儿子""好媳妇""优秀党员之家"等评选活动（图4）。动员组织干部群众结合家庭背景和家庭状况订立家训家规，整理编辑符合弘扬传统美德、贴近生活实际的家训家规，并通过微信等平台与家

图4　梨园屯镇评选的"好婆婆""好儿子"

庭成员共同学习、共同分享。按照统一标准要求建设农村文化礼堂，把家风家训与传承传统文化、丰富文体活动等主要功能有机结合起来。每季度推举"梨园屯好人""道德模范"等各类先进典型。目前成功推荐梨园屯好人60名，每年度推荐2个孝亲敬老示范村。

四、社会互动，传递爱心

为在全镇弘扬优秀传统文化，有效拓宽志愿服务活动覆盖面，梨园屯镇积极拓宽精神文明建设新渠道，努力推动志愿服务规范化、常态化建设水平。近年来，梨园屯镇先后成立公益志愿者协会、优秀传统文化协会、文化志愿者协会等10多个社会志愿组织，在这些组织的影响带动下，全镇各级各类志愿服务者队伍已达300人以上。

在梨园屯镇党委、政府引导下，全镇各类社会志愿服务组织广泛开展纠纷调解、扶贫济困、爱心捐助、义务劳动、文明劝导等多种志愿服务活动，将志愿服务活动开展情况纳入各村年度工作考核的重要内容，有效调动了各层面志愿服务组织的积极性和主动性。

石家庄市藁城区岗上镇岗上村
一统"三治"两目标　乡村治理显成效

　　编者按： 在中央和各级党委的正确领导下，从1982年开始，岗上村始终坚持将《功德录》建设作为推进乡村治理的重要抓手，38年来共记载212册约100万字14万余件好人好事，趟出了一条以党建为引领、以自治为主体、以法治为圭臬、以德治为灵魂的乡村治理特色之路、创新之路。

　　岗上村位于藁城区西部，西距石家庄市区10千米，隶属于岗上镇，全村共602户2442人，耕地2234亩①，2018年实现工农业总产值6.02亿元，村集体年收入600万元，农民人均可支配收入达到19200余元。一直以来，在中央和各级党委的正确领导下，岗上村始终坚持以党建为引领，以自治为主体，以法治为圭臬，以德治为灵魂，不断完善乡村治理体系，积极创造安居乐业的良好环境。

一、以党建为引领，确保基层治理方向

　　岗上村乡村治理取得明显成效，关键在于多年致力于基层党组织建设，打造了班子强、队伍硬、群众信的基层战斗堡垒，进一步夯实了社会治理基础，明确了基层治理方向。

　　一是强化政治引领。 充分发挥党的旗帜引领作用，党员干部始终在村里

---

　　①　亩为非法定计量单位，1亩 $\approx$ 667米^2。——编者注

的大事小情上冲锋在前、以身作则，真正让群众感受到支部就是娘家，党员就是依靠，增强了村民对党组织的认同感和归属感。

二是强化组织引领。严格落实"三会一课"学习制度，及时开展学习培训，传达贯彻上级精神，把党的创新理论和时代要求，深深植根于思想中、具体落实到行动上。

三是强化责任引领。岗上村党支部书记能够履行第一责任人职责，带头开展学习、带头落实工作，以身作则，率先垂范，不仅团结了村"两委"班子，更得到群众的信赖和拥护。村里大事难事他都带头组织村民、党员代表共商共建共治，使村里人人尽责的氛围不断浓厚。

四是强化制度引领。按照"事事有人管、人人尽其责"的工作理念，党支部制定了村干部量化管理考评办法，严格常态化督查考评机制，通过周查、月审、季考、年评，对每名干部实行百分制绩效考评，根据考评结果落实奖惩责任，提高了工作质效（图1）。

图1　岗上村"两委"制定管理办法

二、以自治为主体，凝聚全民治理合力

完善村民自治体系，强化村民主体地位，发挥村民能动作用，努力实现

村民自己的事情自己办，这既是岗上村实现富民强村的法宝，也是提升治理水平的关键。

一是坚持民主选举。严格落实《中国共产党章程》《中国共产党农村基层组织工作条例》等法规精神，深入宣传选举知识，开展民主选举，切实保证基层党员群众民主权利。

二是坚持民主监督。设立了村务公开栏，每个季度将村内财务、事务和政务三个方面内容向村民公开。同时，利用村内广播、张贴公告等多种形式及时将有关事项给予公开，接受村民监督。

三是坚持民主决策。认真落实民主决策"六步工作法"，对于涉及村民利益的重大事项一律通过村民会议、村民代表会议讨论决定，坚决做到集体的事大家说了算。

四是坚持民主管理。积极建设"三会两队"，成立村民议事会，有时调解矛盾，实现了矛盾不出村；成立道德评议会，评树模范、弘扬正气（图2）；成立禁赌禁毒会，发动群众检举打击涉赌、毒违法行为；成立了55人的治安联防队，全天候轮流巡查，及时发现、解决村内问题；成立文明实践志愿服务队，已注册队员178人，积极开展志愿服务活动，打通了服务群众"最后一公里"。

图2　岗上村评树模范，弘扬正气

三、以法治为圭臬，浓厚遵纪守法氛围

岗上村坚持依法治村，不断强化群众的法治意识，基层治理法治水平不断提升。

一是优化基层法律服务。设立村法律服务工作站，聘请法律顾问，公开律师电话，全天候为村民提供法律咨询。2020年以来，为村民提供法律服务12次，特别是在遇到征地、拆迁、村集体经营等涉及村民利益的重大决策时，都会邀请法律顾问进村指导，最大限度降低村民风险。

二是提升干部法治素养。每月邀请公安干警或基层法官对村"两委"干部及有关人员进行法律知识集中培训，强化基层干部依法履职、依规办事的观念和素养。

三是做好普法宣传。通过邀请司法所进村普法、设置法律图书角、法治宣传专栏等多种方式，以婚姻、赡养、继承、承包等村民关注的法律热点、典型案例为重点，向村民普及法律知识，提高村民运用法律武器解决纠纷矛盾，维护自身合法权益的能力和意识。

四、以德治为灵魂，树立崇德向善新风

作为连续多年的区道德文化示范村，岗上村始终坚持把德治作为乡村治理的灵魂来抓，为基层治理增添了无尽活力。

一是建立《功德录》，以德感人。从1982年村民范振国拾金不昧的事迹开始，岗上村创建了《功德录》，几十年如一日用《功德录》记录村里涌现出来的好人好事。目前，《功德录》已记录212本，记录好人好事14万余件，充分发挥了正面激励的作用。

二是设立光荣榜，以德服人。岗上村每年都开展道德模范、最美家庭等评选活动，通过表彰大会、物质奖励、广泛宣传等方式树立先进典型，以先进感召村民，不断浓厚崇德向善的新风尚。

三是传承村文化，以德育人。岗上村投资80万元建设农村书屋，目前

已藏书达7.8万册，发放3000余册，有效培养群众良好的阅读习惯；同时，投资5万元将村里典型事迹结合24孝图绘制成文化墙，编排成快板、三句半等节目，用群众喜闻乐见的方式大力弘扬德善文化，切实做到以德育人。

五、以治理促发展，社会安定经济强健

经过30多年来在乡村治理上的不懈耕耘，岗上村社会环境稳定和谐，集体经济社会发展迅速。工业方面，有350亩的工业小区一个，已有华能电气、建德机械等8家企业入驻，村集体增收500余万元。农业方面，建有占地120亩的高科技奶牛养殖小区，可饲养奶牛1800头；建有1000余亩兼顾旅游和经济发展的油牡丹种植园区；同时，建有一所大学，固定资产达8700万元，村集体年收益达上百万元，集体经济不断壮大。村风民风持续向好，村内和谐稳定程度不断提高，有效防止了各类影响社会安定事件的发生，群众幸福感、获得感持续增强，已由远近闻名的乱村、后进村彻底转变为门市不安卷闸门、楼房不安防盗网、东西丢了能找回、出现困难有人帮、崇德向善的全国文明村。

岗上村以党建为引领，将"三治"充分结合，在村民自治的基础上实现法治、践行德治，以法治保障自治、规范德治，用德治支撑法治、滋养自治，探索出了一条乡村治理的新途径（图3）。

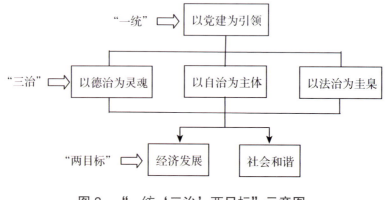

图3 "一统'三治'两目标"示意图

石家庄市新乐市长寿街道东安家庄村

党建引领　铺就美丽新农村画卷

编者按:"农村美不美,关键看支部"。基层党组织是推进美丽乡村建设的战斗堡垒。长寿街道东安家庄村坚持以党建为抓手,充分发扬党员先锋模范作用,不断推动村里党组织建设、村容村貌改造提升、村风民风文明和谐,打造新时代农村美丽新风貌。

东安家庄地处新乐市区南侧,南环路南50米,长化公路东西贯穿村庄。总户数537户,人口2026人,耕地1936亩。村"两委"4人,村民代表15人,党员56人。近年来,东安家庄村经济、人居环境、美丽乡村建设得到了长足发展。先后被评为石家庄文明村、省级文明村、省级美丽乡村、全国文明村镇等。党支部书记王金瑞曾获得"千名好支书""最美退伍军人""最美乡村干部"等荣誉称号。2017年6月27日,时任省委书记赵克志同志到东安家庄村考察时,高度评价了东安家庄村的各项工作。

一、基层党组织建设不断加强

"打铁还需自身硬"。一直以来,东安家庄村党支部扎实推进"两学一做"学习教育常态化、制度化,落实"三比一争"活动,积极开展"不忘初心、牢记使命"主题教育,以党的建设为根本,以群众利益为导向、以推动工作为要务,聚焦突出问题,强化东安家庄村"两委"班子建设。积极开展"阳光党建",利用党建责任清单制度,将党支部、党支部书记,支部委员在届期和年度的工作目标以公开承诺形式进行明确,定准方向确保质量。利用

"三会一课"、党员智慧管理平台等手段多渠道对广大党员干部进行管理培训（图1）。在日常工作中，注重发挥村"两委"一班人的整体作用，调动每个成员的主观能动性，使大家团结合作，互相支持，真正使"两委"班子成为带领全村人民致富的坚强战斗堡垒。

图1　基层党组织队伍入党宣誓

二、精神文明创建活动丰富有成效

东安家庄村坚持文明村创建与美丽乡村建设共同安排、共同推进，明确一名支部委员专职抓精神文明建设，每月召开会议研究本村精神文明工作，实现了支部抓精神文明工作常态化。大力开展丰富的创建活动，使文明观念深入人心。积极开展典型评选活动，2019年评选"十星级"文明户20家、评选孝老爱亲道德模范5名、见义勇为道德模范1名、热心公益道德模范2人。村内美丽庭院385户，达80%。结合"涵养好家风、培养好子孙"家风系列活动，评选出"热心公益、致富能手、孝老敬亲"等先进模范，建立"善行功德榜""功德录"，引领更多的村民自觉自愿争当好人、争做好事，东安家村的文明风尚得到了整体提升。

三、人居环境明显优化

农村环境卫生整治工作开展以来，东安家庄村坚持以"点、线、面"全面推进为格局，发挥党建引领作用，书记带支部，支部带党员，党员带群众、全民动员、全民参与、全域整治、全方位提升，村容村貌焕然一新，村落房屋整齐划一、高矮一致（图2）。目前，村内改厕全部完成；村内铺设污水管网，与城区管网对接，实现污水无害化处理；村内大街小巷全部硬化，安装路灯，粉刷墙壁，栽植树木，绿化率达70%；配合市政府建设完成绿洲公园、民生街小学征地工作，绿洲公园已顺利完工，民生街小学已投入使用。建立和完善了环境卫生长效机制，实现卫生托管，保洁日常化，确保村内环境卫生干净整洁。

图2　东安家庄村村委会

四、群众文化生活丰富多彩

村集体筹资30万元建设了500米^{2}村民活动中心，设有办公室、信息资源共享室、多功能活动厅、村史馆等功能场室；投资2万元建设藏书达3000多册的农家书屋；投资5万元建设文化活动小广场、健身路径等多套器材设施，为群众提供丰富多彩、形式多样的文化生活资源。村里还组建了民间秧歌队、广场舞队，开辟了远程教育平台，村民业余时间可自娱自乐，自编自演，学习科技、卫生知识，精神文化生活丰富。每到元旦、春节，村里秧歌队、锣鼓队便自编节目，为群众免费提供精彩节目，联合爱心志愿队举办"孝心饺子宴"活动，给村内老人包饺子、义务剪发等，营造温馨氛围，弘扬中华孝道。

五、村情稳定社会和谐

东安家庄村"两委"干部高度重视信访问题并积极化解村内矛盾，严格落实"1+10"党员联系群众制度，经常与村民沟通，及时了解情况并将问题化解在萌芽状态（图3）。东安家庄村成立了村平安建设领导小组，定期召开综治工作分析会，研究安排信访稳定、矛盾排查调处等工作，在组织上形成了齐抓共管的工作局面；建立群防群治，组成了一支义务巡逻队在村头巷尾巡察巡视，尤其在重点日、敏感日、节假日加大巡查力度，有效预防了治安案件的发生；利用村内喇叭、条幅、公告栏，大力宣传"枫桥经验"、扫黑除恶，发动群众积极参与，发现问题及时举报，村内治安情况良好。

图 3 东安家庄村"两委"干部入户了解民情民意

石家庄市正定县正定镇塔元庄村

自治、法治、德治相结合建设新农村

编者按： 2013年习近平总书记到塔元庄村指导工作，做出了要把"农业做成产业化，养老做成市场化，旅游做成规范化，在全国提前实现'小康村'"的重要指示。村"两委"班子牢记嘱托，按照总书记指明的正确道路，坚持以"创建全国乡村治理示范村"为契机，以"乡村振兴"为目标，团结带领全村党员群众，发展产业、改善民生，实现了率先迈入小康社会的目标。

塔元庄村坐落于滹沱河北岸，距离石家庄市15千米、正定县城1.5千米，全村共500户2030人，耕地760亩，河滩地3000亩。现有"两委"干部7名，从2000年连选连任7届至今，党员96名，村民代表43名。2008年1月12日和2013年7月11日，习近平总书记两次到塔元庄视察，提出"塔元庄村要在全国率先建成小康"，为塔元庄提出了振兴乡村之路的目标要求和发展方向。塔元庄把总书记嘱托始终牢记于心，带领全村党员群众将小村庄建设成为远近闻名的富裕村、文明村、幸福村，并先后荣获"全国先进基层党组织""全国文明村"等荣誉称号（图1）。

一、以党建为抓手，加强基层组织建设加强党对乡村综合治理的领导

"村子富不富，关键在支部；村子强不强，要看领头羊"。塔元庄村党支部始终把党建工作摆在突出位置，坚持以"强村富民"为目标，抓班子、带

图 1　塔元庄村全景

队伍、建机制，构筑坚强的组织堡垒，实行村干部年度目标"承诺清单"。村"两委"班子年初围绕村级班子建设、发展集体经济、完善基础设施、提升服务标准、提高民主管理水平等内容制定年度工作目标，村干部根据各自分工及职责"认领"1～2项具体工作任务，形成"承诺清单"，并上墙公示，每季度接受村全体党员、村民代表验收。

二、健全村民自治制度，深化村民自治实践

塔元庄村在完善各类自治组织的基础上制定完善了《民主"一事一议"制度》和"四民主、两公开"等民主自治制度，认真修改完善并讨论通过了新的村规民约，长期坚持各类制度，召开各种形式的会议让制度落到实处。这些工作为基层社会治理提供了各类信息，化解了各种矛盾，消除了各类隐患，提供了多种服务，为群众的安全和幸福打下了坚实的基础。建立健全以法律法规、政策制度、自治章程等为主要内容的自治制度体系，保障村民自治制度有序推进，让农民自己"说事、议事、主事"，真正实现"民事民议、

民事民办、民事民管"，充分调动和激发农民的积极性。不断推进村规民约的细化、实化、具体化，村党组织、村委会广泛征求意见，形成务实管用的村规民约，防止内容空泛、制定不规范、实施流于形式等问题，发挥好村规民约在乡村基层治理中的重要作用。

三、开展道德建设实践活动，增强村民法制意识

该村坚持教育引导、实践养成、制度保障三管齐下，注重寓教于乐、寓教于行、寓教于事，采取符合农村特点、农民群众喜闻乐见的方式广泛开展道德建设实践活动，增强村民法制意识。发挥典型的示范引领作用，大力开展文明户、"好妯娌、好婆媳"等创建活动，广泛开展农村优秀共产党员、道德模范、十佳少年等选树活动，发挥好示范引领作用，形成争相弘扬文明乡风的浓厚氛围。

四、壮大集体经济，增强人民的幸福感获得感

（一）坚持以转变农业发展方式为主线，大力发展特色、休闲、绿色农业，大幅度提高农业附加值

建成河北天一蔬菜公司、豆芽厂、豆腐厂，引进国外先进生产技术设备提高质量效益；注册"真定塔元庄"牌商标，对面粉、花生油、小米、大米、牛蒡酒、牛蒡茶等进行产品设计、包装和销售；建设"无花果种植基地"集种植、观光、深加工为一体的模式产业链，撑起村民的"钱袋子；把全村的大部分耕地都流转到村集体，老百姓不仅能够得到远高于分散经营的收益，而且还可以有一份打工收入，土地规模经营的效益充分体现。

（二）"旅游规范化"念好村民"致富经"

以休闲娱乐、田园风光、采摘体验、乡村民俗等为特色的乡村游，逐渐成为塔元庄村的新热点，加速助推了乡村旅游规范化发展。依托县城内丰富的旅游资源和滹沱河两岸景观，同步启动"硬化、绿化、美化、亮化"四大工程，倾力打造休闲度假旅游景区，整合塔元庄现有的水上嘉年华、木屋民

宿小镇、美食街等游客喜爱的项目，与康辉集团合力推出"美丽乡村+塔元庄+滹沱河景区"乡村旅游精品线路游，形成车在林中走、人在花中游、家在河边住的新农村风光。

（三）"养老市场化"提升村民"幸福感"

积极搭建养老市场化平台，把更多关怀倾注于民生领域，为村民提供更好的生活保障，确保村民养老无忧，为60岁以上老人每月发放600元养老金。传承中华传统美德，大力倡导尊老爱幼、邻里和睦、团结互助的家庭美德教育，每年组织开展寻找"最美家庭""好妯娌""好婆媳""说说我的家风家训"等评选活动，凝聚"崇德向善"的正能量，形成"人人争做好村民，家家争当文明户"的良好氛围。向治、善、厚、德、恩、美方面发展，使塔元庄村成为人人向往的新农村（图2）。

图2 塔元庄群众文化生活侧面

五、深入推进平安乡村建设

塔元庄村依托网格化管理，收集社情民意，对矛盾隐患做到提前介入、有效控制、果断处置。与片区民警联手打造平安社区，在辖区门口设置电子识别系统，实现车辆扫码、人脸识别。聘请专业保安团队，昼夜进行巡逻监控，并组织义务巡逻队和治安巡防队在节假日进行巡逻。

石家庄市灵寿县南营乡车谷砣村

坚持党建引领　建设善治乡村

编者按：车谷砣村在习近平新时代中国特色社会主义思想指引下，坚持党建引领，传承红色基因，紧密结合实际，自治、法治、德治相结合，将车谷砣村的绿水青山变成了金山银山，建成了充满活力、和谐有序的善治乡村，全村人民过上了城里人都羡慕的新日子。

一、车谷砣村基本情况

车谷砣村位于灵寿县西北部太行山深山区，距南营乡政府19千米，距灵寿县城75千米，距石家庄市110千米，村域面积17.5千米^2，其中耕地124.7亩；辖4个自然庄69户205人，党员26名，村民代表6人，村"两委"干部7人，村监事会干部3人，农村青年人才8名，班子健全，团结有力，战斗力强，主导产业为旅游业。

2012年之前，车谷砣村"两委"班子软弱涣散，村庄发展滞后，已经启动的旅游项目一度中止，甚至面临被荒废破坏的危险；人均年收入不足800元，无集体收入；党员组织意识差，村民生活没有盼头，村情极度不稳，是有名的落后村。为改变村内状况，南营乡党委积极践行县委强化党建、能人治村的工作思路，选准支书，配好班子，在党支部书记陈春芳同志带领下，规范组织生活、创新治理措施、转变发展方式，将车谷砣村建成了远近闻名的明星村（图1）。

图1 "两委"班子肩挑背扛水泥修建砣山湖

二、乡村治理主要做法

一是强化党建引领，规范村民自治。车谷砣村在党支部书记陈春芳带领下，积极推进制度创新，增强"三会一课"实效性，每周五召开支委会，每月5日召开党员大会，每月至少召开一次党小组会，每季度最后一个月的25日讲党课，党建强，民心聚；大力开展组织创新，车谷砣党支部牵头，联合沟域内其他4个行政村成立了沟域联合党总支，规划建设了车谷砣沟域生态旅游度假区；有效进行服务创新，率先开展青年人才志愿帮扶困难户活动，带动困难户走上了旅游脱贫之路。车谷砣在强化党建引领的基础上，积极规范村民自治，成立了村民委员会、村民代表大会、村监事会、村民理财小组、村级妇联会、村级团委会、股份经济合作社等村民自治组织和群团组织，制定配齐了各项制度，制定了村规民约，意识形态内容丰富，广大村民普遍认可，村庄治理规范高效（图2）。

车谷砣村强党建、抓治理、促脱贫工作得到了中央领导赵乐际同志的重要批示；中央组织部专程到该村进行了专题调研；省委常委、组织部长梁田庚同志做出了"可作为抓党建促脱贫的一个案例来推介"的重要批示；车谷砣村让组织生活严起来、实起来的做法，被中共河北省委组织部在"河北省'两学一做'学习教育情况通报"第37期进行了报道；2019年石家庄市"破解基层党建难题助推乡村振兴"现场观摩会于3月22日在车谷砣村胜利召开。

图 2　车谷砣村开展党建活动

二是崇尚民主法治，弘扬优秀文化。在车谷砣党支部坚强领导下，村内各自治组织和群团组织采取定期和不定期两种形式，在村民中广泛开展了以《村委会组织法》《环境保护法》《农村土地承包法》《婚姻法》《安全生产条例》等为主要内容的法律法规宣传学习活动；村"两委"经常以集中学习的形式，以身作则，带头尊法学法守法。在党支部的坚强领导下，车谷砣村法治理念深入人心，村民自治意识明显增强。

同时，深入挖掘弘扬村内深厚的红色革命文化、优秀的民俗传统文化和新时代先进典型文化，发扬车谷砣光荣的革命老区精神、自强不息的诗人奋斗精神和新时代"太行新愚公"精神；每年在广大村民中开展优秀共产党员、先进道德模范、好儿媳、好婆婆、好邻居等先进典型评选活动；以正确的舆论引导人，以高尚的精神塑造人，以先进的文化教育人，以身边的典型感染人。在多年的坚持努力下，车谷砣村形成了崇德向善、新风蔚然、学习先进、充满文化自信的氛围。

三是激发内生动力，建设和谐村庄。车谷砣村在强化党建引领、规范村民自治的基础上，内生动力得到充分激发，在党支部坚强领导下，制定了以发展旅游为核心的村庄发展规划。2012年以来，陈春芳带领"两委"干部先后垫资300多万元，党员、干部和群众代表以出义务工的形式，历时两年六个月零二十九天的艰苦奋斗，将连接车谷砣沟域内5个行政村长9.75千米的通山道路，由原来的宽不足3米全部拓宽到了8米，并全线建成了柏油马路，彻底解决了制约整个沟域快速发展的"瓶颈"问题。在解决交通问题的基础上，车谷砣村采取"支部联谊并建"模式，积极开展对外合作，引入集体资本，建设了"中国·车谷砣康养旅游度假区"项目，车谷砣村集体经济组织不断发展壮大，村容村貌整洁美观，人居环境彻底改善，成功迎接了第四届石家庄市旅游发展大会的胜利召开。

车谷砣村还积极开展关爱帮扶活动，每年春节前对老党员、老干部及困难党员、群众进行走访慰问；大年初一给60岁以上老党员、老干部逐一拜年；每年腊月25日组织老党员、老干部及部分群众代表召开"茶话会"，共商治村良方妙计。村"两委"干部，以困难群众和留守家庭为重点，开展"结对帮困"活动，不仅赢得群众信任，还搭起了群众的"连心桥"。车谷砣村党群干群关系和谐，村内矛盾能得到及时化解，无黑恶势力、封建迷信活动和不良社会风气，无重大治安刑事案件和越级上访、非法宗教等活动，村庄安定有序，村民和谐幸福。

三、乡村治理主要成效

经过多年的不懈努力，车谷砣村经济迅速发展，人均可支配年收入由2011年的不足800元增长到2019年的8000余元，在深山区革命老区村中较早地实现了自主脱贫，全村人民群众由低矮平房住进了带电梯的宽敞明亮的新民居。在车谷砣村带动下，沟域内其他3个贫困村顺利实现了脱贫摘帽，车谷砣沟域被确定为石家庄市乡村振兴示范片区。

石家庄市井陉矿区凤山镇张家井村
党建引领　"三治"联动

编者按： 张家井村以"创建和谐村、增进人民福祉"为目标，坚持以自治为基础、以法治为保障、以德治为引领，发挥"三治"功能，推动党领导下的"三治"联动融合。不断完善村服务功能，丰富村文化生活，美化村人居环境，提高村服务水平，乡村治理体系不断完善，治理能力明显提高。

张家井村位于太行山东麓、石家庄市井陉矿区西部，隶属井陉矿区凤山镇（图1）。该村交通便利，生态旅游资源丰富。全村现有农户834户2967人，党员97人，耕地2432亩。近年来，为适应农村城镇化、信息化发展趋势，着力解决农村群众自治意识不强、法制意识淡薄、思想老旧等问题。村

图 1　美丽的社区景色

集体以党建为引领，"三治"联动促善治，树立农村新风尚，不断激发乡村发展新活力。

一、走好善治之路，以党建促引领

张家井村始终坚持把党的领导贯穿村建设全过程，通过扩展党员活动中心服务功能、制定完善议事制度、提升党建宣传工作水平等，不断扩大基层党组织的影响力。作为全区社区党建年会制度的试点社区，高标准召开了2018年度社区党建工作年会，做出办实事承诺，建立任务清单，充分发挥"红色村庄"示范引领作用。村"两委"班子成员定期围绕产业发展、新村建设、民生保障、稳定安全等中心工作组织召开议事会议。坚持推进阳光村务，党务、村务、财务及时公开接受监督，为畅通议事沟通渠道，设立了村民意见箱、妇女维权服务站、军人事务管理站等。将党群议事会、民主集中制落到实处，始终以党建引领为方向凝心聚力谋发展。

二、选好"两委"班子，筑牢基层堡垒

张家井村是矿区革命老区重点村，拥有浓厚的"红色"氛围。为更好地传承红色基因，释放基层党建的活力，张家井村不断强化班子建设，夯实基层党组织。通过启动优化调整和换届选举工作，实现了"两优化一提高"（即年龄结构优化，学历结构优化，"一肩挑"比例提高）的工作目标，注重

领导班子建设，选好、用好带动村集体发展的"领头羊"，全面提高农村基层组织战斗力、凝聚力和创造力。"两委"班子组织规范、分工明确、负责担当、团结有力。

三、用好议事制度，规范村庄管理

村"两委"始终秉承"村里的工作村民做主，工作好坏村民监督评议"的原则，坚持"党员评议、居民评议"，认真负责按规矩办事，全心全意为群众服务。为提高村民的参与度，2006年在广泛征求群众意见建议的基础上，建立了合乎本村实际的村规民约。村内成立了村民代表会议，树立"以制度管人"的理念，村内重大事务均通过召开"老党员、老干部"座谈会、"两委"会、当事人恳谈会等，认真听取居民代表、党员代表意见，广泛征求民众意见后形成决议，得到了广大居民的认可。同时村里还建立了理财小组、监督小组等监督机构，拓展监督渠道，创造条件让民众监督、群众参与，增强了民主监督实效。

四、画好管理格子，激发自治活力

为充分调动村基层工作积极性，实现由"被动"开展工作向"主动"作为的转变，张家井村不断创新自治模式，激发自治活力。村内实行网格化管理制度，按照村民实际居住分布情况，将村庄划分为7个片区，选择片区内有影响力、有号召力的村民代表、党小组长和优秀党员等担任片区和街巷长，整个村庄共设有41个街巷长，充分延伸了工作触角。在画好网格的基础上，积极开展用好一张图的有益探索，将村庄面积、人口户数、村内宅基地分布、片区划分等信息直观展示出来，直观动态地指导工作开展，既确保了宣传动员、政策传达不漏一人，又畅通了反映问题、寻求帮助的渠道，还充分调动了村民参与管理、共同监督的热情，真正实现了事事有人管、时时有人抓的目标。

五、搭好服务平台，强化法治建设

为建设平安法治乡村，张家井村着力构建法律服务平台，让更优质的法律服务走进村民身边。通过设立宣传栏、成立法律咨询中心、搭建微信平台以及村广播等形式，向广大群众宣传科普法律知识，帮助群众更好地树立法治观念，自觉以法律规范自身言行，维护自身权益。2019年开展法治宣传活动20余次，发布各类宣传信息50多条。根据服务需求，在村综合服务中心内设立了矛盾调解室、扫黄打非宣传工作站、综治中心、普法教育、文化宣传、儿童友好家园、民兵之家等多个活动场所，为居民提供全方位服务。近年来，随着村矛盾调处机制不断健全，村民法治观念不断增强，各类矛盾纠纷都被消灭在萌芽之中，村内居民安定团结、和谐友善，乡村和谐健康。

六、唱好和谐乐章，引领文明风尚

以传承弘扬传统文化、倡树文明新风为主线，推动以德治村的步伐。为传承弘扬村域特有的社火、拉花、抹牌等民俗文化，村民自发组建了秧歌、杂技表演、舞蹈、军乐等文艺队伍，为传统文化注入新鲜血液。2019年，组织党员群众举办了春节庙会、消夏晚会、文艺汇演等文化活动12次，极大地丰富了群众文化生活，弘扬了矿区传统特色文化。

"红白理事会"的建立，更是吹来了一阵移风易俗的文明新风。通过大喇叭、宣传屏、党员干部带头示范等方式，提倡居民讲团结、讲卫生、讲节约，反对红白事大操大办，反对迷信、传销、邪教。2019年，共开展移风易俗宣传活动8次，发放宣传单200余份。如今，邻里互帮互助，除陋习、树新风、讲文明、重节俭的良好乡风正在形成，赌博、迷信等不良行为已多年不见。

七、乡村善治助推乡村振兴

乡村治，百姓安。乡村善治带来了欣欣向荣的发展态势。

一是村庄面貌持续改善。村庄"两委"积极响应，带头行动，发动群众高标准完成了农村人居环境整治各项工作。生活垃圾实现日产日清，污水乱流现象得到有效治理，文化广场、村民活动中心、为民服务中心等场所配套完善，基础设施建设水平明显提升，村庄环境焕然一新（图2）。

图2 各类功能活动室

二是农村改革规范推进。2018年张家井率先完成农产改工作，盘活沉睡资产，村内720户2518人实现了从居民变股民的转变，规范建立了"一社、两会、一代表"制度，以严格管理确保农产改工作规范运行。

三是乡村旅游助力发展。依托美丽乡村建设，张家井社区充分挖掘乡村旅游资源，积极探索新型农业产业发展模式，逐步实现由"建设美丽"向"经营美丽"的转变。

承德市滦平县张百湾镇周台子村
党建引领村级治理

编者按：周台子村擎党建领村之旗，坚持走"发展壮大集体经济，实现村民共同富裕"的道路；坚持奏响生态立村之歌，走生态优先、绿色发展之路；坚持扬文化兴村之魂，建设新农村，培育新农民；坚持立民生安村之本，让村民共享改革发展成果；坚持铸廉政护村之盾，干部清廉，村民满意。

周台子村地处燕山深处、古长城脚下，隶属河北省滦平县张百湾镇，西距首都北京190千米，东距历史文化名城承德35公里，管境面积11.9千米^2。全村712户2269口人。村党委下设5个党支部，党员180人。

一、擎党建领村之旗

周台子村积极探索村级治理新模式，构建"一核两委三会"（"一核"即把村党委建设成为团结群众的核心，"两委"即村委会和村务监督委员会，"三会"即党员代表联合会、村民代表联合会、妇女代表联合会）农村治理体系。实行"四议两公开"民主决策，推进村务民主协商，发挥各类人才、新乡贤等在乡村治理中的作用，强化党组织的领导地位，把村党组织建成教育党员的学校、攻坚克难的堡垒。认真落实"三会一课"制度，深化党委理论中心组学习制度，抓好党员日常教育管理。在抓党建促发展上，重点实施了"双提双带四规范"（即提升党员素质、本领，带领、带动群众致富，规范村级管理、制度、决策、监督）、"无职党员定岗争先"和党员联系户制度等机制。在党组织创新上，依托全国农村实用人才培训基地、泰合旺农业公司、撷翠高端花卉合作社、妇女手工制品合作社等机构，加强产业党组织建设，把支部建立在产业链上，使支部在产业发展的最前沿，发挥先锋示范带头作用。以党建带妇建，在全省率先由"妇代会"升级为"妇联"，成为全省第一个村级妇联组织。在村级治理上，在农村率先选举产生了村务监督委员会，明确职责，建立工作制度，使其发挥重要作用。

二、奏生态立村之歌

在村域经济快速发展过程中，周台子村牢固树立"保护生态环境就是保护生产力，改善生态环境就是发展生产力"的理念，以务实的举措推进生态文明建设。2001—2012年，累计投入8000多万元，结合矿山"披绿工程"，修沟垒坝护坡动用土石方40万米^3，栽植树木50多万株，山体绿化率达到85%。同时，引资兴办新型节能环保企业，用铁矿尾矿渣生产加气混凝土砌块。在集体供暖上，立足长远，投资2000多万元实施水源热泵工程，采用无污染、无燃烧、无排烟、高效环保的水源热泵技术。如今由碧波清泉，花卉树木、曲径回廊组成的4万米^{2}的公园簇拥着美丽的村庄（图1）。

图1　村内公园一角

三、扬文化兴村之魂

为满足村民休闲活动需求，丰富农村业余文化生活，投资1000多万元建起1万多米² 功能齐全的文化活动中心；投资500万元，建起了300延长米钢结构三层文化长廊；投资上百万元建起大型LED电子屏幕9块，悬挂文化艺术牌匾150余块。成立了"三新艺术团"，做到周周有演出，月月有节目，并在省市组织的汇演中多次获奖；2012年70多位著名诗人到周台子采风，辑印《诗意周台子》丛书。同时，周台子村积极参与"亿万农民健身活动"，广泛开展群众性文化体育活动，不仅极大地丰富了农民的文化生活，而且使村民的社会文明程度、身体素质和健康水平得到了普遍提高。

为了把家风建设植根于村民的心中，周台子村建成了全省第一个"家风馆"。通过"孝是立德之本、孝是敬爱之心，孝是教子有方、孝是言行有礼，孝是事业有成、孝是爱身报国"6个主题，让村民从感恩父母中形成良好的家风、村风、民风，建设村美、人美、和谐美的美丽乡村。村里表彰了43名孝老敬亲的典型，并把她们的照片和事迹登在"家风馆"里，形成了浓厚的道德建设氛围。此外，从维护稳定、提高素质入手，建立健全了各个群众自治组织，组织村民积极开展"五好家庭""十佳好婆媳"评选以及健康向上的文化娱乐活动，倡导文明，摒弃陋习，使周台子呈现了党风正、民风纯、村风新的可喜面貌。

四、立民生安村之本

民惟邦本，本固邦宁。从2002年开始，按照"四个统一"（即统一规划、统一建设、统一管理、统一服务）的模式，投资3亿多元进行新农村建设：建造20万米² 住宅楼78幢756套，包括村民住宅楼、文化活动中心、科技中心、医疗中心、购物中心、村部、学校、老年公寓、福利公寓等楼群（图2）。青年人住住宅楼，中年人可住福利楼，老年人住老年公寓楼，实现了一家三代各有所居的优化住楼格局。

建立了完善的社会保障体系。吃：每年年底为村民发放米、面、油等；穿：发四季服装；住：统一住进欧式小楼；行：所有的道路都成了柏油路，大多数村民有了小轿车；医：为全村所有人支付城乡居民基本医疗保险费

图2　文化活动中心

用；入学：考上大专以上院校每人每年有2000～3000元奖学金；养老：60岁以上的老人每月有300～1000元养老金，70周岁以上的老人免费入住老年公寓。村民生活质量明显提高。周台子村在汶川地震时村民捐款200万元，其他公益捐款100多万元，安置下岗职工、转移农村劳力2500人，社会贡献与日俱增。

五、铸廉政护村之盾

穷村、乱村需要管，富裕后更需要有一套好的管理制度来保障。在村务、党务公开管理的基础上，周台子村建立了"村内重大事项逐户征求意见"制度，根据多数村民意愿做出决定。对村民最敏感的财务收支，除民主理财小组监督和定期进行公开外，还实行了"十三联签"制度，即每花一笔钱，都由村班子成员、村民理财小组13人共同签字入账，保证支出有理、入账有据；对群众最关注的建设项目，一律依法对外发包，并做到"三不准"，即村干部本人不准承包、至亲好友不准承包、不准谋私利牵线他人承包；在村办企业经营管理上，依据各企业的特点，分别实行竞价承包经营、竞价买断经营权和股份制的经营管理方式，集体不直接经营企业、村干部不直接管理企业，形成了具有周台子特色的村级企业管理机制。

承德市兴隆县雾灵山镇塔前村
建立三项机制　实化三项举措

　　编者按： 塔前村在县委、县政府"宣、清、拆、建、管"的五字方针引领下，在村"两委"带领下，构建了塔前"三三"乡村治理体系，守正笃实，久久为功，初步完成基础设施城镇化、农村治理社区化、日常保洁市场化、治安防控数字化建设。村容村貌、生态环境、基础设施、乡村文明均达到全县村级建设领先水平。

　　塔前村位于河北省兴隆县雾灵山镇，坐落在风景如画的国家自然保护区雾灵山脚下，因村后有辽金时期所建红梅寺内两座佛塔而得名（图1）。全村所辖居民216户685口人，人均收入9400元。自2014年以来，该村按照县委

图1　塔前村村标

提出的"宣、清、拆、建、管"五字方针，充分发挥基层党组织的引领力、组织力、号召力，紧紧依靠群众，发动群众，打好"环境治理、基础设施改善、卫生长效管理、民风培育"组合拳，有力助推乡村振兴工作。目前村容村貌、生态环境、基础设施、乡村文明均达到全县村级建设领先水平，2019年被评为省级森林乡村、全国乡村治理示范村，初步形成塔前"三三"长效管理模式。

一、建立三项机制

（一）重大事项民主参与的决策机制

塔前村通过民主选举、民主决策、民主管理、民主监督等方式，加强村民议事的参与率，提高村民参与本村事务的积极性和责任感。遇特别重大事项召开全体村民大会，塔前村在土地征占、项目建设等重大事项上坚持会前"吹风"、征集民意，在取得90%以上村民支持的基础上才正式召开全体村民代表大会。2016年农夫山泉征地、2018年美丽乡村建设拆违工作均召开了全体村民大会，保证了村民知情权、决策权和参与权，提高了有序议事效率和议事质量，议定事项在推行过程中阻力较小，全村拆违达到100%（图2）。

图2　塔前村召开村民会议

（二）"一总四包"网格化管理机制

塔前村公共事务施行"一总四包"的网格化管理机制，即实行支部书记负总责、两委干部包片、小组长（村民代表）包胡同、党员包户、户主包房前屋后的管理制度。村支部书记不定期对全村进行巡查，"两委"班子成员每周对自己所管辖片区进行督导检查，小组长和党员每日巡查，发现问题马上解决，门前巷道、庭院由农户自己管理负责。

（三）先建制度后管人的执行机制

塔前村的发展和管理离不开以村"两委"对村内制度严实合一的执行。"两委"班子成员在工作中严格执行村内各项规章制度，将各项工作落实到位。在征占用地、项目建设，低保、五保认定，星级家庭评比以及各种文娱比赛活动中，都始终严格执行各项既定规定；在拆违中，首先从支部书记自家拆起，然后是自家亲戚朋友，村"两委"班子成员、党员带头，最终以100%的完成率全面拆除违建，将工作落到实处。

二、实化三项举措

（一）规划落实一张蓝图

塔前村的建设非一朝一夕之功，而是一步一个脚印去开展工作的。2014年，在"农村面貌改造提升"工作中，塔前村完成了涵盖村庄布局、基础建设、公共服务设施、产业发展等内容的村庄规划编制；2018年，在美丽乡村建设中，塔前村按照最初的规划，实施了"先拆违、后建设"的工作举措，历经两个月拆除厕所、猪圈、柴棚、车库等违建87处3700米^2，清理柴垛、杂物105处，生活垃圾、建筑垃圾400多米^3，后又按照"先地下后地上，先基础后提升"思路进行污水管网、厕所改造、街巷硬化、绿化美化建设；2019年，在完成基础设施建设的基础上，又启动停车场扩建、村卫生室装修、水塔建设等一批民生项目和文化提升项目；2020年，该村拟实施滨河公园项目，进一步巩固提升村庄建设水平。

（二）日常保洁"照镜子"

一是人员管理制度化，塔前村的保洁实施荣盛安旭第三方保洁与村内自主保洁双重管理，配备三名专职保洁员，负责街巷、公厕、停车场、文化广场等公共场所的卫生清扫及花草树木的修剪管护，并对保洁员实行量化考核和动态管理，年终兑现奖惩。

二是日常保洁标准化，录制村容村貌视频作为"照镜子"对标的"蓝本"，制定清扫标准及管护规范，日清日保（图3）。

图3　塔前村"照镜子"管理模式

三是保洁服务付费化，按每年每人12元标准收取卫生服务费，除特困人员外100%收取到位，村民卫生意识不断提高。同时，注重"抓两头带中间"，对门前"三包"较好户通过村大喇叭予以表扬，对门前乱堆乱放户由"两委"成员包联，加强日常督促和劝导，强化环保意识；制定《星级美丽庭院评比标准》，每年评选一次，给予200元物质奖励，每季度评选一次星级卫生户，给予洗衣粉、毛巾、肥皂等奖励，2019年奖励资金累计达到5000余元。

（三）民风培育"四个一"

塔前村以传统孝善文化为切入点，弘扬孝老敬亲的传统美德，开展"四个一"工作，带动家风、邻风、村风。

一是成立一个调处组织。成立红白理事会、孝善理事会、家事听证会和老党员、老干部、老教师、老军人、老模范参与的"五老"调处组织，以解决家庭内部间、邻里间等矛盾，确保"小事不出门，大事不出村，纠纷不过夜"。

二是开展一次活动。在九九重阳节通过举办饺子宴、为老人免费理发等活动为老人送去关怀，增加代际间的交流与理解。

三是掌握一个宣传阵地。牢牢掌握文化阵地主导权，通过微信群、朋友圈、广播等媒体加强文化宣传，对村规民约等制度、村内好人好事和违规违纪等事例予以通报，监督约束村民的不恰当行为。建设乡村文化广场、农家书屋，绘制文化墙2000米^2，让村民在潜移默化中接受文化熏陶。

四是组建一个群众性文艺团体。成立广场舞舞蹈队、说唱组合等群众性文艺团体，展示塔前精神面貌，宣传正能量，增强塔前村民的认同感、荣誉感和自豪感。

承德市双滦区西地镇肖店村
党建引领 "三治" 融合　促进乡村有效治理

　　编者按： 肖店村推行"党建引领＋'三治'融合"的工作模式，坚持和加强乡村治理有效提升，把治理体系和治理能力建设作为主攻方向，把保障和改善村民生活、促进肖店村和谐稳定作为根本目的，努力提升乡村公共服务、公共管理、公共安全保障水平，通过一系列有效举措完善了肖店村自治、法治、德治相结合的乡村治理体系，使广大村民的获得感、幸福感、安全感不断增强。

　　肖店村位于双滦区西地镇西部，总占地面积为17千米^2，耕地面积2600亩，林地面积8000亩，共有自然村4个，村内有705户2539人，村民代表46人，党员71人。村"两委"班子共5人，村党支部书记武学平担任村"两委"主任26年，党群服务中心面积2000米^2（图1），村合作社年收入达到20余万元。

图1　肖店村党群服务中心

一、完善村党组织领导乡村治理的体制机制

"群雁高飞头雁领"，基层党组织是乡村治理的领导中心，肖店村首先意识到支部建设对乡村治理的基础作用，通过发挥支部堡垒作用，抓住村"两委"班子换届契机，按照"五选十八不选"要求，选优配强村党支部书记和"两委"班子成员，建成了一支强有力的村党组织领导班子。村"两委"换届后，肖店村为实现人才的高效更新换代，统筹各方面人才资源，建立了一批以农村致富带头人、外出务工有成人员、大学生村官和优秀退役军人为主体的后备人才库，有序推进村党支部书记优化升级、"两委"班子成员新老交替。为尽快让"两委"干部进入工作状态，肖店村党支部坚持以"三会一课"和党员活动日为抓手，强化对党员的教育和管理，对标镇内先进多次组织党员、代表到西地村和外县先进村学习交流，通过理论学习和外出交流让全体党员、代表意识到开展乡村治理的必要性和重要性（图2）。

图 2　党员代表会议

二、发挥党员在乡村治理中的先锋模范作用

肖店村组织开展党员联系农户、党员户挂牌、承诺践诺、设岗定责、志愿服务等活动，推动党员在乡村治理中带头示范，带动群众全面参与。密切

党员与群众的联系，了解群众思想状况，帮助解决实际困难，加强对贫困人口、低保对象、留守儿童和妇女、老年人、残疾人、特困人员等人群的关爱服务，引导村民群众自觉听党话、感党恩、跟党走。积极探索创新志愿服务模式，通过组织动员，鼓励支持更多的党员参加志愿服务，进一步服务乡村、服务群众。同时注重把参加志愿者队伍中的优秀群众有针对性地发展成党员，建立起党员和志愿者群体互动发展机制，使其成为保持党员先进性的重要途径。

三、建立公平公正体制，健全自治

没有规矩，不成方圆，完善的制度建设是乡村治理的基础和保障。肖店村党支部按照《中国共产党农村基层组织工作条例》《中国共产党支部工作条例》和《村民委员会组织法》，结合实际规范制定了党员带头示范制度和村民代表会议议事制度；结合肖店村实际组织党员、代表按照民主程序制定出台了肖店村村规民约，强化村党组织领导和把关作用，实现村规民约全覆盖（图3）；完善肖店村产权制度改革，股份经济合作社设立贫困股，帮助贫困户脱贫，建立村规民约与股份经济合作社年终分红机制，约束村民日常行

图3　肖店村开展村规民约培训会

为。在村庄治理过程中始终坚持公平、公正、公开的原则，完善党务、村务公开制度，实现制度执行过程公开经常化、制度化和规范化；坚持公开违反村规民约村民名单，让广大村民共同抵制不良行为、学习优良做法。完善的制度建设使肖店村"两委"班子得到了广大村民的信任和支持。

四、推进基层民主政治建设，完善法治

创建民主法制示范村建设，是贯彻全面依法治国重要思想的具体体现，是实现乡村治理的重要保障，也是全力维护基层稳定的新举措和有效途径。肖店村"两委"班子充分发挥民主法制建设在乡村治理中的重要作用：

一是统一思想，提高认识，做到思想认识到位、宣传发动到位、措施落实到位，确保此项工作的顺利进行。

二是建立健全领导机构和办事机构，村党支部成立了以书记为组长的"民主法制示范村"创建活动领导小组，做到一级抓一级，层层抓落实。

三是按照社会治安综合治理责任制的要求，签订了责任书。同时村党支部还对辖区内的社区矫正人员指定了帮教责任人，真正做到管好自己的人、看好自己的门、办好自己的事，多年来肖店村的刑释解教人员无一例重新犯罪。

四是建立各项规章制度。制定完善了村规民约和《村务、财务公开制度》等制度，坚持用制度管人管事，做到制度上墙，有章可循，管理规范（图4）。

图4　肖店村村规民约展示栏

五、践行社会主义核心价值观，开展德治

肖店村坚持教育引导、实践养成、制度保障三管齐下，推动社会主义核心价值观落细落小落实，融入村规民约、家规家训。通过组织村民群众学习习近平新时代中国特色社会主义思想，广泛开展"两学一做""不忘初心、牢记使命"主题教育活动，用习近平新时代中国特色社会主义思想牢牢占领肖店村思想文化阵地。弘扬道德模范，培育淳朴民风。开展家风建设，传承传播优良家训，开展"最美肖店人""美丽庭院""五好家庭"评比活动，注重发挥典型模范的榜样作用。全面推行移风易俗，整治肖店村婚丧大操大办、高额彩礼、铺张浪费、厚葬薄养等不良习俗。建立健全村规民约监督和奖惩机制，注重运用舆论和道德力量促进村规民约有效实施，对违背村规民约的，在符合法律法规前提下运用自治组织的方式进行合情合理地规劝、约束。发挥红白理事会等组织作用，建立婚丧事宜报备制度，加强纪律约束。

承德市隆化县七家镇西道村
党旗领航聚合力　产业发展促振兴

编者按： 隆化七家镇西道村立足区位生态优势，围绕乡村振兴战略，积极探索以党建聚合力、助脱贫，以支部强引领、促带动，以能人兴产业、共致富的兴村强村之路，切实把组织的力量转化成为基层治理的效能，为乡村振兴战略落地生根打下良好基础。

西道村，位于承赤高速七家镇出口，是隆化县着力打造的"热河皇家温泉美丽乡村片区"重要节点（图1）。全村总面积9千米²，其中耕地面积1200亩，林地面积4000亩，下辖5个自然村，340户1220口人，全村共有党员40名。近年来，针对村党支部组织力、引领力不强这一问题，采取组建一套好班子、引来一个好产业、打造一张好名片、打出一套组合拳的"四个一"举

图1　西道村村口

措，让党建引领产业兴旺、生态宜居、乡风文明、治理有效、生活富裕。

一、党建聚引，提升基层组织力

这个村把选出一支有魄力、有干劲、有作为的干部队伍作为一件大事来抓。**优配班子，发挥战斗堡垒作用。**推行"能人村官"模式，通过换届选举，选出了百姓心中的"当家人"，实现了老、中、青搭配，传、帮、带结合。工作中，他们心往一处想、劲往一处使，以推动发展、领富带富为第一任务，由该村党支部书记发起成立的君创种养殖合作社，流转土地200余亩，投入资金2000多万元，带动了周边120户农户实现了就业脱贫。**优选党员，发挥先锋模范作用。**把本村能人、在外经商办企业人员、返乡大中专毕业生、转业退伍军人等作为党员发展培养重点对象，并通过"双培双带"、承诺践诺、先锋行动、志愿服务等活动，充分发挥他们在产业发展、扶贫帮困、矛盾调解等方面的"先锋队"作用，全村40名党员都有服务承诺事项。**优化管理，发挥制度长效作用。**把制度化管理作为重中之重，以"不忘初心、牢记使命"主题教育为抓手，不断完善"支部书记讲党课""四议两公开""主题党日"等学习、决策、实践等工作机制，全面提升班子队伍思想、政治、能力、作风等综合素质和支部标准化、规范化、科学化水平。

二、能人带动，强化发展支撑力

村党支部发挥区位交通优势，特别是立足光照充足、昼夜温差大等这一适合发展四季草莓的气候特点，引进草莓产业，特别是抓住建立"草莓公社"风情小镇的契机（图2），党员带头，引领群众主动参与，现已建成520多个日光温室冷棚、130多个暖棚，种植面积2300亩，年产草莓鲜果6000吨，带动周边贫困户576户脱贫致富。**党员先行先动。**"草莓公社"建立之初，群众对它是啥、要干啥不理解，如何让群众参与进来就很关键。为了打消群众担心有风险的顾虑，村里首先推选了懂市场、善经营的支委成员李忠作为"领头雁"，投入100多万元成立了西道旅业公司，大力发展以"草莓采摘、民俗体验"为主题

图 2　草莓公社

的休闲游产业，给群众打样。同时，吸引外地大企业入驻，发展集摘草莓、住民宿、吃农家乐为一体的旅游业态，成为京津周边游客五一、十一期间休闲度假的好去处。目前，"草莓公社"年接待游客 10 万人次，实现旅游收入 2000 万元。**群众积极主动**。公司成立之初，9 户农户通过房屋入股的形式加入，通过发展民宿、接待游客，户均增收过万元。通过"无利有保底、赢利再分红"的运营模式，村民尝到了"甜头"，纷纷主动参与产业发展。目前，由村民自我投资建设的四季草莓种植基地、创意工坊、草莓音乐广场、玫瑰园、演艺广场等设施不断完善，乡情农家院、乡村驿站、利鑫源农家院、春辉农家院等民宿设施各具特色，参与发展民宿产业 20 人，人均增收 1.2 万元。**党组织跟进推动**。围绕党组织建在产业链上、党员作用发挥在产业链上、贫困群众富在产业链上的目标，大力推行"支部+能人大户+贫困户"的发展模式，在"草莓公社"成立了以孙乃文为书记的 5 人党支部，带动农户抱团发展。结合脱贫攻坚党旗红"堡垒示范"工程，建立了草莓产业党支部和志愿服务党支部，进一步延伸组织链条，拓展服务功能。

三、基础提升，放大品牌影响力

村党支部紧紧围绕建设美丽幸福乡村的目标，结合"草莓公社"项目，加大资金投入，注重发挥群众主动性，逐步改善了水、电、路、灯等基础配套设施，夯实了服务发展、服务民生的基础条件。**一是改旧提升**。近年来，结合"草莓公社"、美丽乡村等建设，投入资金 2000 多万元，完善基础设施，扩宽主干道，硬化老街道各个胡同，清除道路两旁垃圾，新建垃圾池

7个，新建公厕2个，安装路灯150盏，修筑护村护地坝2000米，建长城垛4000米，解决了350户饮水安全问题，建成集中供水排污设施。**二是建新提质**。按着统一规划、统一标准、统一户型的建设要求，聘请北京大地风景规划设计院对村域发展进行了顶层规划和总体设计，采取自建为主，新建民居82户，其中，11户高标准乡村别墅全部配备自来水管道、污水管道、太阳能路灯等基础设施，为今后高端旅游发展打下了基础（图3）。

图3　新民居

四、党群同心，凝聚治理大合力

村"两委"加强自治、法治、德治等手段，提高村民的主人翁意识，让"自己事自己办，大家事商量办"成为常态。**自治建家园**。修订了务实管用的村规民约，在村醒目位置公开公示，成立了红白理事会，制定村庄红白理事会章程，抵制婚丧喜事大操大办、互相攀比、人情债泛滥之风，防止因婚因丧返贫现象发生。对辖区内的主要道路卫生，建立了分片包干责任制，实行积分制管理，作为村干部绩效工资发放、村民享受福利待遇的重要依据。**法治促和谐**。充分发挥村司法调解室作用，让"小事不出村"，自新建人民调解室至今，矛盾纠纷排查率达到100%完结。基于村里企业多的实际情况，充实安全生产队伍，建立了严打、严防、严管、严治的工作机制，保障了企业安定有序健康发展。**德治淳民风**。针对一些子女不履行赡养义务等怪象，举办道德讲堂、家风故事会等，同时，村"两委"每年还会拿出部分集体经济收益，评选表彰"十佳文明户""最美好儿媳"等，积极倡导以德治家、孝老敬老、责任亲情等家庭美德，以良好的村风民风助力精准脱贫。

张家口市怀来县存瑞镇秦家沟村

大力实施乡村振兴战略
建设美丽宜居英雄故里

编者按: 怀来县存瑞镇秦家沟村是全国战斗英雄董存瑞的故乡,近年来,该村充分借助省、市、县关于美丽乡村及新民居建设的政策帮扶,大力建设村内路、水、电、讯等基础设施,建起了新民居,实施了整村煤改气并配套外墙保温工程,全村实现硬化亮化、饮水安全、污水治理、垃圾清运"4个100%",建成了乡风文明、人居适宜、环境优美的美丽乡村。

怀来县存瑞镇秦家沟村紧邻省道241公路,距县城5千米。全村440户1200人,村"两委"干部4人,党员55名,全村总面积5000亩,耕地762亩,退耕还林面积1950亩。全村主要以外出务工、运输、种植业为主,2019年人均纯收入14500元。2010年秦家沟村被确定为省级新民居示范村,复耕土地260亩,新建新民居5万米^2,可容纳488户,2012年入住。2013年被河北省委省政府授予"河北省美丽乡村"荣誉称号,同年,污水管网覆盖全村,与县城市政污水管网并网实现集中统一处理。2014年、2015年秦家沟村被怀来县委评为先进基层党组织,并多次被评为新农村建设先进组织、先进单位等。

近年来,怀来县存瑞镇秦家沟村投资近千万元,大力建设村内路、水、电、讯等基础设施,引导村民优化生活方式、崇尚新风尚。秦家沟村党总支将人居环境整治工作与美丽乡村建设相结合,从解决群众最关心、最直接、最现实的环境问题入手，实施农村环境卫生治理网格化管理，建立"党员示范户"制度，打好了乡村振兴的第一场硬仗（图1）。

图1　干净整洁的村容村貌

一、村党组织领导有力，村民自治依法规范

秦家沟党总支共有党员55名，下设4个党支部，村党总支严格落实"三会一课"制度，2019年共召开20次支委会、7次党员大会、21次党小组会。2019年是中国共产党成立98周年，也是新中国成立70周年，9月15日秦家沟村召开了"不忘初心、牢记使命"主题教育动员部署会；9月28日，组织党员到董存瑞烈士纪念馆进行红色传统革命教育，到南山堡廉政教育基地进行廉政警示教育；10月1日组织党员举行升旗仪式，观看庆祝中华人民共和国成立70周年大会，组织党员开展"不忘初心、牢记使命"主题教育集中学习，重温入党申请书，请村书记为全体党员讲党课。

在重大事务决策上，程序规范，村务监督委员会工作正常，档案资料管理规范，党务村务财务公开透明。2016年以来没有发生过集体访或非正常访。同时，积极开展以改陋习、树新风为主要内容的乡风文明评议活动，通过修订完善村规民约、签订文明协议、推行村民公约等方式，大力宣传文明新风。通过开展美丽庭院、文明示范家庭、十佳平安和谐家庭的评比工作，评选出美丽庭院320户，比例达到95%；美好家庭占比达到95%。村"两委"干部和老党员任各片街长，共同维护美好环境。近年来围绕"美丽乡村"建设，以"不忘初心、牢记使命"主题教育、党的十九大、冬奥会、文明礼仪等为主要内容，绘制文化墙700多米^2，制作宣传展牌45块。

二、基础设施稳步提升，乡村发展充满活力

2013年，新建村民活动广场900米^2，安装了健身器材4处，各类健身器材20多套，新建村委会办公楼400米^2，其中党员活动室100米^2、农村综合便民服务站66米^2、卫生室66米^2、图书室20米^2，方便群众办事、学习、就医，符合"十有"标准。村内建有互助幸福院，占地950米^2，房屋26间，配备橱柜、餐桌及日用炊具，有10位孤寡、病残老人入住，互帮互助，其乐融融。

按照2013年省级"美丽乡村"建设要求，多年来不断完善基础设施建设，安装太阳能路灯66盏、LED路灯18盏，绘制多种形式的文化墙及宣传标语，墙体统一美化，主街道铺沥青路面7500米^2，硬化进村路7300米^2，街巷硬化率达100%。新建污水管道5000多米，与县城市政污水管网并网，实现集中统一处理，结合"厕所革命"三年行动，全村实现水冲式厕所。2017年打造清洁能源示范村，全村实施"气代煤"，并配套外墙保温工程，实现了农户日常做饭及冬季取暖全部利用天然气，平均一个采暖季每户用气1200米^3，每立方米政府补助1.6元，村民实际缴纳1.2元；2018年新民居小区集中式燃煤供热锅炉改为采用空气源热泵+电锅炉为热源，为居民住户以电代煤实现清洁供暖（图2）。

图2　清洁能源进农家

三、人居环境明显改善，治理工作机制健全

积极实施农村人居环境综合治理攻坚，落实村书记负责制，积极探索建立"党员示范户"制度，发挥党员示范作用。以"不忘初心、牢记使命"主题教育为指导，创新党员示范作用，在村内积极推行"环境卫生党员示范户"制度，要求党员家庭环境干净整洁，无脏、乱、差等卫生死角，同时，积极维护好房前屋后、公共过道环境卫生，充分起到示范表率作用，引导广大村民积极参与保持环境卫生（图3）。

图3　美丽宜居秦家沟

建章立制，力求实效，健全完善长效机制。在环境卫生治理上实施网格化管理，全村配备保洁员6人、垃圾清运司机1人。在村内道路两侧明显位置安放垃圾桶100余个，采取村收集、镇转运、县处理的方式进行垃圾无害化处理，坚决做到"垃圾入桶、统一收集、集中处理、日产日清"。

怀来县存瑞镇秦家沟村在县委县政府及镇党委镇政府的支持和帮助下，已实现全村道路硬化率、饮水安全率、生活污水治理率、生活垃圾清运率100%。今后，秦家沟村将继续"不忘初心、牢记使命"，紧紧围绕县委"五大攻坚战"的内容要求，切实改善乡村人居环境，提高群众生活质量，营造邻里和谐、村貌整洁、生活富裕的美丽乡村。

张家口市怀来县桑园镇后郝窑村

聚焦特色，发展经济
打造和谐宜居的休闲乡村

编者按：桑园镇后郝窑村是怀来县第一个在原址整村拆迁建设的新村。近年来，该村把基层组织建设作为"做强葡萄产业，建设温泉新区"的有力保障，充分发挥村党组织和党员的战斗堡垒和先锋模范作用，将党建融入产业发展、村庄建设、项目建设等各方面。利用当地独特的区位优势和自然禀赋，把广大人民群众对美好生活的期盼作为工作的出发点，结合实际探索出一条乡村发展之路。

桑园镇后郝窑村位于怀来县桑园镇北部，永定河南岸，距县城6千米。全村178户459人；村党总支下设4个专业支部，党员35人；村"两委"干部5人。全村总面积3474亩，葡萄种植面积1360亩，葡萄收入占村民收入85%（图1）。2019年，农民人均可支配收入1.9万元，村集体收入40余万元。近年来，后郝窑村充分发挥党组织的战斗堡垒和先锋模范作用，将党建工作与产业发展、项目建设、村务管理、文化活动等融为一体，同时在各个产业上设立党支部，进一步延伸了党建工作的触角。该村为2011年省级新民居建设示范村、2012年省级幸福乡村、2014年省级美丽乡村。2016年村党总支被评为省级优秀基层党组织，2018年底荣获"第二届中国美丽乡村百佳范例"的荣誉称号。

图1　怀来县桑园镇后郝窑村

一、聚焦葡萄资源抓转型，打好集体经济发展基础

后郝窑村以葡萄种植为主导产业，10年前的葡萄种植还是农户单一的种植模式，农民几乎是靠天吃饭，风调雨顺则收成好，遇上自然灾害则成本难收。2009年，该村充分发挥党总支在引领全村葡萄产业转型升级中的战斗堡垒作用，从发展特色产业入手，依托帝曼、怡馨苑温泉休闲会馆等温泉旅游度假资源优势，投资80万元，建设了占地400余亩，集有机葡萄种植、采摘、休闲旅游为一体的"怀来·桑园温泉葡萄观光园"。

观光园主道路长650米，自东向西直抵老君山下，两侧建有18个葡萄采摘园，涉及本村40余户村民，使农户由单一面向贩商销售的模式，逐步向发展旅游观光转变，每年"温泉+观光园"共计接待游客60万人，游客采摘价格高于市场价1倍以上，园区种植户直接增收60%以上，促进了村民增收致富。温泉企业的入驻和观光园的建成，带来了大量的游客，也为村集体经济的发展提供了平台。

为了实现葡萄产业转型升级再上新台阶，2018年积极引进设施葡萄的种植，现在已经有20个葡萄大棚和占地面积为4亩的智能化玻璃大棚投入使用，并兴建水塔一座。很快，村里成立了设施葡萄专业合作社，吸引了更多的农户一起发展设施葡萄，继续增产增收。

随着生活水平逐渐提高，温泉养生及葡萄观光采摘逐步受到人们青睐，村党总支适时在宝平公路两侧通过出租、出售商品房等方式，每年为村集体创收10万元。

二、聚焦地热资源抓招商，创新集体经济发展思路

后郝窑村始终把增进班子团结放在首位，引导班子成员找准党建工作与经济发展的"结合点"，使班子始终成为引领发展的坚强堡垒。围绕葡萄产业发展和开发利用温泉资源，制定"发展休闲旅游，建设美丽乡村"的发展目标。2010年，按照"三年大变样"的指示精神和新民居建设的契机，村"两委"多次召开党员大会、村民代表会议和全体村民大会，广泛征求群

图2　现代美丽乡村

众意见，经过激烈讨论，引进占地196亩的"奥林·温泉小镇"项目，确定了整村拆迁的开发模式，按照宅基地一比一置换的拆迁原则，先后建成回迁楼9栋，楼房518套5.3万米^2，成为现代美丽乡村（图2）。

回迁楼建成后，积极整合闲散劳动力，以集体名义成立晶泉物业公司，24小时全天无休地为"奥林·温泉小镇"等小区提供水电、供暖和卫生等多方服务，为村集体每年至少增收20万元。随着项目建设的不断推进，后郝窑村以实现产业融合发展、促进群众增收为目标，本着以楼养楼、以楼创收的原则，积极探索"资源+农宅+企业"生态精品乡村游的经济发展模式，村集体牵头成立农宅服务管理企业，统筹对村民闲置的344套楼房进行规划、

使用，初步预计每年可实现收入200万元。

三、聚焦经营收入抓共享，凝聚集体经济发展合力

后郝窑村党总支始终发挥领导作用，严格按照"四议两公开"制度，把每一分集体收入用到村民心坎上。近年来，一大批惠民举措落地实施，老百姓的获得感显著增强。

一是更加保障民生发展。集体创收后的第二年，村集体为全村400多人的合作医疗"集体买单"，为每一个家庭解除后顾之忧。随后，村集体继续出资为村小学提供了营养午餐和休息场所，一方面方便了学生们的学习和生活，另一方面保证农忙时节家长们的正常生产生活，实现双赢。

二是更加关注文化生活。通过征求党员群众意见，建设了党史主题长廊、传统文化长廊、葡萄及温泉产业主题长廊"三个长廊"，营造了良好的文化氛围；因地制宜建设温泉广场、休闲广场、远教广场和健身广场"四个广场"，丰富群众精神文化生活。

三是更加注重乡风文明。在村内制作各类文化宣传牌100余块，通过群众编写的《做人五字经》、村规民约10条、文明举止提示等内容，绘制了以社会主义核心价值观、中国梦为主题的文化墙900米^2，营造良好的村风民风；建设总面积2200米^{2}共4层的村民中心，村干部在村民中心集中办公、一站式服务。现在，该村每周组织党员和村民看远程教育，每季度开展篮球、象棋等比赛，村民生活越来越红火。

今后后郝窑村党总支在镇党委镇政府的正确领导下，坚持以思想解放推动思路创新，围绕"五大攻坚战"的内容要求，继续带领全村百姓团结求实、凝聚实干、勤劳朴实，为建设特色鲜明的葡萄温泉休闲旅游胜地而努力奋斗！

张家口市万全区北沙城乡老龙湾村

狠抓村民教育　开辟乡村治理新天地

编者按：该村把村民教育工作作为建设自治、法治、德治相结合乡村治理体系的有力保障，充分发挥村党组织和党员的战斗堡垒和先锋模范作用，将村民教育融入人居环境整治、生态宜居乡村、乡风文明建设等各方面，结合实际探索出一条乡村发展之路。

宣老龙湾村位于万全区北沙城乡东南。全村总面积约3000亩，其中基本农田约2700亩，村庄及道路占地约300亩。全村287户845人。2000年，新一届党支部上任后，从脱贫开始，年年有进步，岁岁有跨越，而在这一过程中，老龙湾村党支部、村委会也经历了乡村治理的长期摸索。2013年，老龙湾村被省委省政府授予"河北省文明村"，2016年，老龙湾党支部被省委授予"全省先进基层党组织"。

一、狠抓村民教育的历史背景

"三提五统""农业税"取消以后，只图索取、不讲义务的冷漠，只顾眼前、不看长远的贪婪，只管自己、不顾全局的个人主义等社会现象逐步显现出来。2009年，老龙湾党支部提出"两手抓"的工作思路，一手继续狠抓经济发展，一手还要抓村民思想教育，以此作为全村社会治理的突破口。经过多年的努力，老龙湾村通过乡村有效治理，干成了不少难事和大事，如今实现了经济收入、村民精神风貌和人居环境水平的同步提高，昔日的贫困村、烂泥湾脱胎换骨，一举变成了和谐村、幸福湾。

二、多方面进行村民教育

2016年，村里建设了大的会议场地，配置了新设备，党的十九大后，正式开辟农民教育课程，教育内容不断丰富。会议室同时转变为新时代农民讲习所，成为宣传党和政府政策、培育社会主义精神文明的主阵地（图1、图2）。

图1　新时代农民讲习所邀请专家，讲家庭教育

图2　老龙湾村精神文明颁奖晚会

一讲家长里短。对村里日常琐事的"八卦"，往往可以搭起干部、群众间的沟通桥梁。同一件事大家怎么看？好人家是咋样做的，赖人家又会怎么做，做法不同，产生的效果就不同。闲暇的夜晚，文明乡风在家长里短的唠嗑中吹散开来。

二讲优秀传统。过去讲"厚德传家远，诗书继世长"，优秀传统从来都不是单向的、灌输式的过程，而是双向的、互动式的交流。农闲时节和大家在闲谈中回顾过去的苦难岁月和艰难奋斗历程，大伙儿会对如今的幸福生活更加珍惜。优秀传统在群众间越来越闪耀出智慧的光芒。

三讲政策法律。贪婪是从细小的利益开始养成的，积累到一定程度就会损人利己。杜绝贪婪、守规守法是文明乡风的基石。一个个新鲜小案例、一场场政策大宣讲、一部部警示教育片、一件件身边的真事……村党支部成为法律法规和惠民政策的传递者，治理有效真正落到了实处。

四讲健康人生。不讲卫生、信奉鬼神、冬闲赌博、捕风捉影的陋习，一直是乡村治理有效的绊脚石，程度不同地阻碍着新时代新农村的建设步伐。为此党支部通过邀请卫生专家授课、宣传手册解读、宣传教育片播放及其他新媒体手段，在群众中广泛宣传健康人生的重要性，潜移默化中逐步增强村民的健康人生意识。

五讲培训技能。幸福来自哪里，不会天上掉下来，自己种下的树，摘的果子才甜。农闲季节，通过邀请农业、电商等有关专家为村民讲解农作物种植技术、电子商务等新领域知识，村民转变了观念，培育了创新思维。新时代农民不应只局限于传统、机械的春种秋收模式，而要通过"互联网+"转变生产方式，提升农业生产的抗风险能力和生产附加值。

六讲跟进服务。近年来，乡村振兴战略大力实施，脱贫攻坚、清洁煤推广、治理大气污染、电代煤、厕所改造等各项工作的开展，都需要为群众讲解相关和做跟进服务。如清洁煤使用，有的地方因为村民不习惯不注意，还发生了一氧化碳中毒事件。因此，在发放清洁煤的同时，及时跟进，为村民进行清洁煤使用方法的讲解非常必要。

三、把教育成果转化到乡村治理的实战当中

一是提升村容村貌。 老龙湾村原是一个养牛村，家家户户在大街上固定拴着牛，大街上到处都是牛屎牛尿和柴草，不堪入目。2012年，村委会开展"四清四化"专项治理，村民们自觉地把牛牵进牛圈，把玉米秸秆铡碎喂牛，几百年不文明的拴牛堆粪习惯彻底杜绝。在农村面貌改造提升中，多年违规占道所搭建的房屋全部拆除，使街道宽阔通畅。拆除无人居住危旧房屋15户，拆除土围墙43户，极大地改善了村容村貌。

二是构筑生态宜居。 2013年，党支部决定对村边、路旁、河沟、荒坡、空闲地全部进行绿化。在没有资金的条件下，村委会每年组织义务植树（图3）。74岁的老党员郭成雨（现年81岁），不仅跟车去装车拉树苗，回来还要参与晚上的栽树劳动。2016年，老龙湾村进行了美丽乡村建设。在道路硬化、节能改造等环节中，村民们积极配合专业施工队，表现出了强烈的建设热情。没有区位优势的老龙湾村，靠着卓越的生态和整洁的村容，每年迎来不少游客。

图3　春耕大忙季节，村民利用夜晚义务植树

　　三是传扬文明乡风。在经济紧张的情况下，村委会每年组织文艺演出，村民们每年都积极参与捐款赞助。利用戏曲演出机会，隆重表彰"优秀党员""孝顺子孙""道德模范""美丽庭院"等先进典型（图4）。基层党支部村委会级别最低，可是它实实在在，村民们把获得的荣誉悬挂在家中醒目位置，无意中为家中后辈传递了一种价值取向，让他们也引以为豪。2015年，老龙湾村编纂出版了《老龙湾村志》，勤劳质朴的历史文化得以传承；2016年修建村史馆，通过文化建设弘扬了正能量。在2020年抗击新冠肺炎战役中，全村党员只用一天时间全部捐款，在村居住群众捐款率高达95%。

图4　"美丽庭院""孝子贤孙"等文明奖项评选大会

张家口市万全区宣平堡乡霍家房村

"一抓四突出" 打造乡村治理新特色

编者按： 宣平堡乡霍家房村紧邻万全区主城区，该村曾是2014年国家级贫困村，2017年实现整村脱贫出列，2018年全村人均纯收入达到13500元。该村以习近平新时代中国特色社会主义思想为指导，紧扣乡村振兴战略"产业兴旺、生态宜居、乡风文明、治理有效、生活富裕"总要求，利用当地独特的区位优势和自然禀赋，把广大人民群众对美好生活的向往作为工作的出发点，结合实际探索出一条乡村治理之路。

宣平堡乡霍家房村共有人口377户911人，耕地面积2050亩（图1）。近年来，村"两委"认真贯彻落实上级关于加强乡村治理的一系列精神，在全体党员和广大村民的支持配合下，抓住党建统领这条主线，突出四大建设，团结务实、积极进取，实现了村容整洁、民风淳朴、经济发展、和谐稳定的良好局面。

图1 霍家房村进村路

一、抓住党建统领这条主线

按照区委党建示范要求，充分发挥村党支部领导作用和战斗堡垒作用，健全完善基层党组织体系，采取党员骨干"带"、党员活动"引"、党建阵地"聚"的方式，将党建工作与村级事务紧密联系起来。切实加强农村党员队伍建设，严把党员入口，严格日常管理，认真落实"三会一课"、组织生活会等制度。组织党员认真学习党的方针路线，抓住"不忘初心、牢记使命"主题教育契机，系统学习习近平新时代中国特色社会主义思想，持续强化党员干部政治担当。以志愿服务为突破口，加强农村无职党员设岗定责、依岗承诺活动，充分发挥党员在经济社会发展中的积极带动作用。设立新时代农民讲习所，立足"主阵地"，开展政策宣讲、技术培训、文艺下乡、孝心评比等一系列贴近民生实际的党建活动，以党建活动推中心工作、促文明新风，不断增强党组织的凝聚力、战斗力。

二、突出服务平台建设

以兼具政治功能和服务功能为目标，打造集村务服务、政务服务、公共服务和社会服务于一体的村级综合服务平台。严格落实"六有"规范化建设要求，实现有固定场所、有统一服务标志、有公共服务信息、有配备便民设施、有规范管理制度、有完善配套服务。将村干部坐班值班制纳入村级平台服务体系，对所有村干部统一排班，强化村级平台服务功能，实行村干部开放式集中办公，主要负责受理村民来信来访、处理村级日常事务、调处各种矛盾纠纷、及时处置突发事件等。在拓展和完善服务功能上狠下功夫，建立覆盖全体村民的村级微信群，及时推送村级服务信息，方便外出务工人员办事。开通绿色通道，对实效性强、信息化程度高的政策办理事项实行上门服务，照顾老年人、残疾人等身体不便、办事能力弱的特殊群体。通过积极开展孝心养老公益活动，储备了孝心养老公益基金，带动全村敬老爱老并形成长效机制。

三、突出治理机制建设

严格落实"四议两公开"制度，注重把好人选关、议题关和落实关：由党员担任村务监督委员会主任，村务监督委员会成员在村党组织领导下选举产生；通过会议认真讨论关乎民生、关乎民意的议题，以及村内急需解决的重大事项，并及时听取村务监督委员会监督情况反馈，多渠道收集村民群众反映问题；对村民委员会执行决议结果进行及时公开，并按照会议时间表、路线图严格落实执行，保证议事和监督过程的民主最大化，切实保障村民群众利益。不断通过完善制度来提升村级组织运行质量：探索建立村务情况分析制度，及时发现和解决苗头性倾向性问题；建立工作报告制度，村务监督委员会定期向村党组织或村民代表会议报告工作；建立考核评议制度，村"两委"干部向乡镇党委述职、向群众述职，接受党委及群众的综合评价。凡是涉及村民切身利益的重要事情和村民共同关心的热点问题，都严格按照该程序组织实施。党务、村务、财务按时进行公开，确保所有村民对村内重大事项都清楚明白。

四、突出村民自治建设

探索"双向积分"制度，实现政府治理和社会调节、居民自治良性互动：将全体村民纳入积分管理范围，设置美德实践、精神面貌、环境卫生、和谐建设、平安建设五大类积分管理项目，规范积分标准；以量化为依据，加分和扣分相结合，对村民日常行为进行客观评价，鼓励村民比先争优；由村级党组织主抓，村内积分管理小组汇总，村务监督委员会监督实施，每月召开村民积分制测评会议；村民积分达到相应数量可以兑换"积分超市"实物，对积分较高的家庭进行年度表彰。规范"网格化"管理制度，对各家各户按照地理位置清晰划分网格，针对网格内事务实行"众人议、合伙干、村级评"，健全了红白理事会、道德评议会、妇女禁赌会等工作机构，实现了环境卫生"门前三包"、大事小情大家出力的良好自治局面。

五、突出发展道路建设

霍家房村坚持按照"有规划、有产业、有能人"的思路切实增加村集体收入。

一是注重开发资源增收，大力发展乡村旅游，打造霍家小院（图2、图3）、金钰龙生态观光园，致力将休闲观光、农家乐等产业做大做强。2016年该村通过"村民+集体+公司"（由村民出房，集体装修，公司经营）的模式，先后对10户村民的闲置用房进行了改造，打造了风格各异的霍家小院，发展乡村旅游业。

图 2　霍家房村民居

图 3　霍家小院

二是注重产业带动增收，规划建设万全区最大设施农业产业园，打造集蔬菜种植、存储、加工为一体的全产业链生产布局。2019年霍家房村与北京阿卡控股有限公司合作，利用涉农整合资金建设农业设施项目，致力于打造华北地区冷凉蔬菜示范区。

三是注重依靠土地增收，积极推进土地流转，鼓励种植大户、企业、合作社等经营主体参与设施蔬菜种植，按照依法、有偿、自愿的原则，搞活土地经营。

张家口市下花园区武家庄村
创新合众乡筹　打造最美乡村

编者按：如何破解乡村发展什么、怎么发展、发展的可持续性问题？下花园区武家庄村创新合众乡筹模式，盘活闲置资源，建设互助农宅，按6：3：1的比例由投资方、村民和村委会进行收益分成。同时，借助产业发展契机，撬动政策支持，全方位提升武家庄村硬件设施；赋予村民议事会等组织更多职能，群策群力，培树新风，让"争创好庭院，争当文明户"成为自觉。

下花园区武家庄位于下花园区东北部，距离城区12.5千米。长久以来受交通闭塞、基础设施落后等问题困扰，村民以农产品种植为主，收入水平低、生活质量差。为寻出路、求发展，武家庄村筹资集智，主动对接政策，创新合众乡筹模式，以产业发展带动村民致富，用鼓起腰包推进村风文明，打造乡村利益共同体，趟出一条共建、共享、共富、共美的乡村治理新路。

一、"筹点子"，因村制宜，打造特色项目

由武家庄村党支部牵头，组成"党支部+村民代表+设计方"的三方智囊团，建立起区、乡、村三级审议机制，多次召开专门会议，商讨、发掘武家庄村可发展的产业、项目。经过实地走访、征求村民意见和多方审议，确定围绕武家庄村特有的"黄土·红砖"乡土风貌，遵照因村制宜、保留特色、杜绝重复建设和不必要建设的原则，由中国建筑标准设计研究院对武家庄村进行整体规划设计，聘请中国建筑研究会、海归罗丽博士进行艺术

设计，打造特色砖艺文化（图1）。同时，精准招商，充分利用武家庄村肥沃的黄土地资源，扩大特色种植产业，以张杂谷试验基地为龙头，引进以采摘、观光、花卉种植等为特色的金璞现代农业园项目，植苹果、食鲜杏、种

图1　武家庄砖艺文化

桃树、采蘑菇，打造集观光、休闲、采摘为一体的乡村旅游综合体。

二、"筹资源"，集资集物，寻求共同利益

将众筹方式运用到乡村振兴实践中，创新"合众乡筹"模式，以"631民宿艺术改造"为核心，充分利用空闲宅基地，以资源众筹的模式建设互助农宅，经营所得收益按6∶3∶1的比例由投资方、村民和村委会进行分成。

一是"筹资金"。积极拓宽筹融资渠道，通过融资平台贷款1000万元，撬动社会资本2000万元，整合项目资金1000万元，财政配套资金800万元，村民自筹300万元，累计投入资金达5000多万元，开展项目建设、基础设施改造等，实现资金来源多元化。并吸引了20多家实力雄厚的民营企业和众多学有专长的志愿者参与其中。

二是"筹物资"。通过租赁、购买闲置房屋的方式流转村里闲置的农宅，在农舍改造中，钢材、木材、瓷砖、阳光板、厨具、灯具、玻璃、洁具、窗帘、家具、床上用品等都由不同的参与者或厂家提供，充分发挥共建者优势，形成了1+1>2的价值放大效应。此外，政府出台政策担保，支持建筑材料企业、绿色生活资料生产企业参与资源众筹，共同开发改造，"众筹"到200多种精选北方花草、德国护坡草毯等物质，广泛引导发动当地衣、食、住、行、娱、购等各类企业积极参与"家乡美、生活美"建设的资源众筹，

推出茶榆中心、花驴宴、咖舍、三代瓦帐篷营地、"驻创客"餐厅等31处代表性民宿（图2）。

图2　特色民宿

三、"筹政策"，强化硬件，筑牢发展根基

武家庄村紧紧扭住乡村民宿这一致富"金钥匙"，积极对接脱贫攻坚、最美乡村、绿化造林、危房改造等政策，主动谋划改建领域，全面提升武家庄村基础硬件。实施了地下管网改造、街道硬化亮化、清洁能源推广、村庄绿化造林、安全饮水、弱电入地等一系列工程，铺设污水主管网12.5千米，天然气管道6000米，率先实现了农村与城区管网无缝连接和天然气入户，清洁能源利用率达100%。对全村进行了灯光艺术化改造，以低度照明为主，打造"五彩银河"、花驴灯、"欢鱼"交互灯群等巷道光影艺术。依托红砖资源，铺设红砖街巷14500米²，并对周边民居进行艺术化加固、翻新，主街道沥青柏油硬化3600米²，铺贴花岗岩地面3398米²，街道硬化率达到了100%（图3）；利用红砖、旧瓦打造了祥云墙等百种村庄"艺术品"。武家庄村趁热打铁又推出"杏"福酥系列食品、小布毛驴儿缝制等村味儿产品，窑洞艺术宾馆也开工建设，武家庄村成了名副其实的"白天看艺术街景，夜晚观花灯

赏月"的全天候精品旅游小镇。

图 3　村庄美景——花径

四、"筹人心"，两评四议，推动村美人和

武家庄村在原先成立的项目运营管理机构的基础上，升级为"两评四议"村民自治模式，即开展"美丽庭院""十星级文明户"评比，成立村民议事会、道德评议会、禁毒禁赌会、红白理事会。通过"四议"妥善处理村中婚丧嫁娶、邻里矛盾、铺路搭桥等大小事务；经由"两评"激发激励村民自觉参与到村容村貌整治，创建文明城市，讲文明、树新风等活动中，将美丽乡村建设由政府推动变为村民自动，形成以良好家风带动淳朴民风的社会氛围。探索党员"一帮四"制度，即每名有能力的党员帮扶四户困难群众，该村50名党员在扶贫帮困、带领致富等方面对200户受帮扶的困难群众进行了帮扶，让每一名党员成为扶危助困、引领新风的一面旗帜。利用自身优势，武家庄村还积极引进、承办各种文化艺术盛会，例如2019年5月中国东方歌舞团《东方之声》音乐会在武家庄举办，在吸引游客的同时也提升了村民艺术品位。通过这一系列措施，武家庄村营造出比学赶超、积极上进的氛围，依靠群众筑牢了乡村精神文明核心。

秦皇岛市海港区石门寨镇房庄村
唤醒自发力　奏响致富曲

　　编者按：房庄村党支部紧紧围绕"强组织、谋发展、促经济"这一主题，通过党建引领，以产业发展、精神文明、村容村貌和社会治理等为着力点，积极探索乡村治理新模式，发挥村党支部领头羊作用，通过农村基层党组织领导力、党员和村民代表带动力、村民积极参与自发力，加快自治、法治、德治，着力打造共建共治共享的基层治理格局，结合村庄实际发展乡村旅游，实现"产业兴旺、生态宜居、乡风文明、治理有效、生活富裕"的乡村振兴总要求，走出一条具有房庄特色的乡村治理新路子。

一、建立工作新机制，"两委"班子年轻化

　　本届"两委"班子成员平均年龄更加年轻化，对待工作的积极性、主动性有明显提高（图1）。在思想上、行动上，同以习近平同志为核心的党中央保持高度一段，自觉维护党的集中统一领导，增强"四个意识"，坚定"四

图1　村党组成员学习党建知识

个自信"，不忘初心，牢记使命，坚决抓好党的十九大决策部署；在学习上、思考上，积极主动学习科学文化知识，努力提升自身文化素质，为补齐农村基层干部普遍文化素质较低的短板，通过远程党教、"学习强国"、成人教育等多种形式完成自身文化水平的提高；在工作上、落实上，将全年任务更加明确化、具体化、严谨化，各有分工，相辅相成，紧密配合，积极主动解决百姓所需、政府所急，从根本上剪掉了懈怠的尾巴。

二、探索试点新路子，治理模式多元化

健全完善制度，规范党内生活。村"两委"班子成员明确分工、细化责任、通顺关系，确立党支部为领导地位，认真落实"三会一课"、组织生活会、民主评议党员、谈心谈话等基本制度。坚持和完善主题党日和党员固定服务日

图2　房庄村主题党日活动

制度（图2）。坚持用制度来约束人，定期召开党支部会议，支部成员交流谈心、交换意见，形成统一思想，心往一处想，劲往一处使，提高班子的整体合力。

全村村民划分成片，每名党员负责一片，负责本片各户的移风易俗、法制宣传等各项事务，确保全村各项工作稳定有序开展。村班子不断结合本村实际，积极挖掘服务群众、无私奉献、带头致富的先进党员，树立起一批组织认同、党员认可、群众心服的普通党员典范。通过帮扶带动，不断改革和完善党建阵地宣传，从转变方式、创新载体、活跃形式上下功夫，帮助广大村民树立了积极向上的思想和健康文明的生活方式。

村"两委"班子通过便民服务中心，积极服务于民，想民所想、解民所忧，不断完善和开展志愿普法教育服务，开展形式多样的志愿普法活动，带动更多的普通村民加入到村庄普法的队伍中，努力将矛盾化解在基层，做到"小事不出村，大事不出镇，矛盾不上交"，做好村内调解工作，及时解决农民群众合理诉求。2018年12月，房庄村被确立为"秦皇岛市社区教育"实验基地。发动村妇女组织成立了"巾帼志愿服务队"，在为村民服务的同时，还为村内妇女开展一些特色培训班。同年，房庄村妇联申请了秦皇岛市"妇女之家"创建，将闲置的原村小学校舍进行修建整理，改造为"妇女之家"，目前已完成建设（图3）。2018年3月，老君顶旅游开发有限公司工会成立，同年8月，由海港区委组织部牵头的海港区企业人才工作站在房庄村老君顶景区举行授牌仪式。

图3　房庄村省级"妇女之家"建设和使用情况调研会

村"两委"通过开展党员志愿服务、巾帼志愿服务、争做合格党员、纠正四风、大力开展移风易俗等活动，着力打造本村党建品牌。依托日渐完善的村庄党建品牌，2018年冬季，房庄村完成了中小学生冰雪活动、燕赵都市报小记者活动基地创建、第二届秦皇岛市残疾人冰雪运动季以及秦皇岛市青少年速度滑冰锦标赛等相关活动的接待，并成功协办了秦皇岛市第七届运动会冰雪项目的比赛。功夫不负有心人，房庄村被设立为"河北省万人示范培训班"参观学习点。自2016年10月13日起，房庄村共接待18期约5000名省内各地基层农村干部参观学习，并先后荣获省级"河北省美丽休闲乡村""休闲农业示范点"，市级"双创双服巾帼行动"示范基地、"红旗农村党组织"和"基层党建示范点"等荣誉称号。

三、拓展增收新途径，集体经济规模化

房庄村"两委"立足实际，把发展壮大集体经济作为工作的重要内容，积极探索，努力进取，采取了一系列有效措施，使集体经济逐步发展壮大，初步形成了"有人管事，有钱办事，有章理事"的局面。景区实行公司统一经营管理，全面负责乡村旅游规划、设计、开发与管理，村民在景区打工，获得岗位工资。除此以外，村民们还可以通过为游客提供住宿、餐饮等服务而获取收益。房庄村食用油厂现处于审批阶段。

房庄拥有得天独厚的旅游资源优势，可开发面积9千米^2，重点可开发资源有山水风光、一般农特产品、老君顶特产等。依托老君顶生态旅游景区推动旅游业与相关产业的深入融合，形成旅游+文化+生态的美丽新乡村（图4）。

图4　房庄村全景

2019年房庄村党支部、"两委"班子立足长远，从实际出发，制订了详细具体的经济发展规划，力争2020年底村集体经济收入再上一个台阶。为全面实施乡村振兴战略，房庄村党支部、"两委"班子共同研究制订了第一个"五年计划"，力争2024年底房庄村升级完善成为集吃、住、行、玩于一体的乡村旅游名村。

秦皇岛市昌黎县大蒲河镇张家庄村
先锋示范　依法自治　产业支撑

编者按：秦皇岛市昌黎县大蒲河镇张家庄村充分发挥党员先锋模范作用，落实村民自治，依法治理，找准产业路径，实现了乡村治理长期有效，为全市工作提供了典型示范经验。

张家庄村位于昌黎县东部，全村共262户787人，其中党员43人，村民代表21人。耕地面积650亩，村民收入以传统种养殖、外出务工为主，其中种植业以玉米为主，养殖业以猪、鸡、狐狸、貉为主，2018年农民人均收入达到16520元。该村人口聚集、交通便利、环境优美，水电、道路、通信、亮化等基础设施完备，文体娱乐等公共服务配套设施齐全，村党组织战斗力强，村集体经济收入和农村社会事业健康发展，乡村治理规范有效。

一、提升组织力，发挥党员先锋模范作用

一是抓实班子建设。张家庄村"两委"班子成员在村党支部的带领下，通过农村党员远程教育平台、上党课等形式，带头学习习近平新时代中国特色社会主义思想、党的十九届四中全会以及相关政策理论、法律知识，切实提高班子成员解决实际问题的能力。始终坚持民主集中制原则，"两委"班子团结和谐，心往一处想、劲往一处使，确保村内各项工作有条不紊开展。同时建立后备人才储备长效机制，储备了3名村级后备干部。

二是加强队伍建设。张家庄村党支部高度重视发展党员工作，严把党员"入口关"，注重发展年轻、高学历的党员，不断优化党员队伍结构。截至目

前，全村共有党员43人，其中40岁以下的占33%，高中以上文化程度的占49%。2019年共发展3名党员，均为大专以上文化程度。不断健全完善学习制度，利用"党员学习日"组织党员开展集中学习，定期在党员微信群中推送学习内容，并积极组织引导党员运用"学习强国"App平台开展自学，确保党员学习全覆盖。积极组织党员开展"接力沈汝波为民做好事"等活动，充分发挥先锋模范和服务群众作用。2019年共开展志愿服务活动20次，参加党员300余人次。

三是强化制度落实。严格落实"三会一课"、谈心谈话、组织生活会和民主评议党员等组织生活制度，不断提升党性意识，增强村党支部的组织力、凝聚力、战斗力。持续深化党务村务财务公开民主管理，规范运作，保障村民的知情权，将群众最关心及反映最强烈的事项进行公开。并设立了党务村务财务公开意见箱，公布举报电话，将村干部的工作置于群众的监督之下，广泛听取群众的意见和建议。

二、落实自治，乡村治理模式不断完善

一是落实民主选举。村党支部书记通过法定程序顺利当选为村委会主任，并建立健全了村监事会、妇代会调委会等配套组织，修改完善村规民约。同时建立了红白理事会、道德评议会。

二是严格民主决策。严格落实"四议两公开"工作法，推行"小微权力"清单制度，凡是涉及村民切身利益的重要事情和村民共同关心的热点问题，比如重大项目工程、集体资产、资源对外承包、承租、大额资金支付、低保、扶贫救助等惠民政策享受对象的评议等事项，均严格按照程序执行。

三是强化民主监督。村代会表决通过的事项首先在村务公开栏公开，其次将决策事项报镇党委政府审核备案，最后交由村委会组织实施。村委会实施过程中，村监事会全程参与监督。坚持将党的方针政策、村财务支出、村级重大事务、年度工作计划等进行全面及时公开。

三、依法治理，农村社会安定有序

一是建立网格化管理机制。通过网格化的社会治理模式压实责任，让身边人管身边事。把村庄划分为5个网格，分别由镇村干部及党员、村民代表任网格员，负责环境政治、卫生保洁、树木养护、矛盾调解等工作，村"两委"定期对网格员进行考核，落实奖惩。

二是抓好矛盾调解。成立调解委员会，专门安排3名人员负责矛盾调解工作，建立矛盾纠纷排查机制，发现矛盾纠纷及时解决，无法解决的矛盾及时上报镇政府帮助解决，实现"小事不出村、大事不出镇"。

三是加强法治建设。村"两委"成员带头尊法、学法、守法，以法律为准绳开展工作，常态化开展法律宣传，让村民知法、懂法、用法，用法律约束自己的言行。开展平安建设，开展禁毒宣传，几年来张家庄村未发生刑事案件。

四是开展新风建设。完善村规民约，把家庭美德、社会公德，特别是把自觉爱护和保持村庄环境纳入村规民约之中。成立红白理事会、道德评议会，统一规范文明节俭的婚丧礼仪，弘扬中国传统文化；开展孝道建设，进行好媳妇评比、美丽庭院评比、公德榜等活动；积极倡导移风易俗，抵制封建迷信活动，利用村级组织活动场所组织村民参加KTV、广场舞，开放村民书屋以丰富村民的文化生活，形成和谐向上的村风民风，使社会主义核心价值观得到宣传和弘扬。

四、找准路子，大力发展村域经济

一是集体收入不断增加。张家庄村积极开展"三清三化"活动，对清理出的资产资源重新进行承包，2020年能够提高集体收入10万元。积极参与镇政府组织成立的合作公司，通过合作公司运作投资"五个一"工程（一头牛工程、一堆肥工程、一棵树工程、一片海工程和一座院工程）。其中：投资1万元参与宏顺牧场为主体的"一头牛"工程，2020年可增加收入4000

元，2021年将继续加大投入，预计每年可为村集体增加收入4万元以上；"一棵树"工程，即对村"四边"（路边、渠边、坑边、宅边）地进行清理登记，利用"四边"种植绿化工程苗木，村外种植经济树木，村内种植绿化苗木，成材之后出售，再补种新的苗木，循环种植，达到美化与增收双赢，以绿养绿，目前已栽种紫叶李、玉兰等绿色苗木1000余棵，2020年底前能达到1500棵，每年可增收5万元。

二是村民生活不断改善。张家庄村"两委"班子始终把提高村民收入放在心上、抓在手上，联系索坤玻璃和川港制造等多家企业为村民解决就业岗位40多个。扶持成立农业合作社推进土地流转，鼓励村民改变种植结构，从事庭院养殖，多方位提高农民收入。张庄村共有建档立卡户5户，通过就业帮扶、产业帮扶、政策帮扶等措施2019年底已全部实现脱贫，在全面奔小康的路上没有一人掉队。

秦皇岛市抚宁区留守营镇张各前村
实施"三四三"工作法 夯实乡村治理基础

编者按：秦皇岛市抚宁区张各前村紧紧围绕"强基础、培骨干、增服务"的工作思路，以基层党组织建设为抓手，全面推进"三四三"工作方法，有效促进了乡村治理各项工作。

张各前村位于抚宁区留守营镇政府西南部，留抚公路西侧，沿海高速抚宁南出口南0.5千米。全村共397户1286人，7个村民小组，党员74名。该村先后获得"全国计划生育协会先进单位""全市先进基层党组织""全市新民居建设优秀示范村"等荣誉称号。

一、搭建"三大平台"，筑牢服务基础

一是实现党组织全覆盖，将基层党组织服务触角延伸到各个领域。

二是开展多样化的载体活动，开展多种形式便民服务。

三是建立党员群众综合服务室，由村"两委"干部轮岗值班，开展好各项服务工作（图1）。

图1 村"两委"干部执勤

二、抓好"四支队伍"，培育服务骨干

一是成立农业产业化服务队。针对本村主要产业和存在问题提供各种咨询服务和订单销售服务，实现全村 700 亩甜玉米订单形式销售，30 多家大小养殖场年创经济效益 800 余万元，有效解决了销路问题。

二是成立"知心大姐"服务队。由村妇女主任牵头，依托村妇联组织成立 8 人服务队，并设立"知心大姐"调解室，专门调节邻里纠纷、婆媳矛盾。

三是成立农村文艺宣传队。由村妇女党员牵头成立 20 人的文艺宣传队，村集体出资购置舞蹈服装，在重要节日开展文化活动，全面提升村民素质。村舞蹈队多次受到省、市、县文化部门的奖励，获得多项荣誉；成立了抚宁太平鼓传承基地，参加了国家级非物质文化遗产——抚宁太平鼓的展演。

四是成立治安联防巡逻队。由村党支部书记任队长，吸纳队员 12 名，负责向广大群众进行遵纪守法、安全防范宣传教育，并进行治安巡逻，协助有关部门抓好治安防范工作。

三、开展"三项行动"，增添服务活力

一是开展基础设施提升行动。投资 67 万元加宽村内主街道、架设路灯、修建村民文化广场、新建村民中心，大大提升了服务群众的硬件水平。

二是开展民生改善保障行动。协调旧有闲置土地 37.6 亩，建设 9 栋新民居，被评为"全市农村新民居建设示范村"；协调资金 70 万元为村内打 2 口 60 米深水井，实现全村 24 小时供水；村集体出资为全村人办理了新农保，参保率达 100%；设置村助学基金，每年"六一"为村小学捐款 2000 元，用于教学设施的改善。

三是村风民风培育行动。村党支部每逢过年过节，为村内困难户和 80 岁以上老人送去慰问品和慰问金，有效带动了全村互帮、互助、爱老、敬老的良好风气；充分发挥党员模范带头作用，实现村内老、中、青三代党员精神传承。

秦皇岛市青龙满族自治县七道河乡石城子村

坚守绿水青山　锐意改革创新
打造大山沟里的美丽宜居乡村

编者按： 近年来，石城子村始终坚持"党建引领、企社互助、能人带动、人人参与"的发展思路，紧紧围绕"生态立村、产业强村、旅游兴村、和谐安村"发展目标，不断完善村级服务功能丰富村级文化生活，美化村内人居环境，提高村级治理服务水平。大力发展乡村旅游、满族餐饮民宿、乡土文化体验等新产业，石城子村日益焕发出蓬勃发展的新风貌。

一、基本情况

石城子村位于青龙满族自治县七道河乡东北部，总面积9.6千米^2，辖道石洞、磨盘山、石门子、何杖子、石板沟5个自然村。11个村民小组，276户1058人，其中满族人口占92%。山场面积1.24万亩，其中板栗种植面积3600亩，核桃种植面积1670亩。

二、主要做法

（一）打造坚强的村级组织堡垒，凝聚党心民心

群众看党员，党员看干部，一个坚强有力的村班子是发展的关键。石城子"两委"班子是一个团结战斗的集体，想干事儿、能干事儿、也能干成事儿，在每次活动中都能充分发动党员带动群众，有良好的群众基础，被七道河乡党委、乡政府授予2018年度"优秀村班子"称号。

（二）群策群力谋划发展新思路

立足村内山多地少的资源禀赋，将板栗作为村内主导产业，栽植板栗3600亩。村集体成立又飘香专业合作社，为全村农户提供统购统销、统防统治等社会化服务，利用集体建设用地建板栗加工厂及保鲜库一座，注册"石也香"品牌甘栗仁（图1）；

图1　合作社特色农产品

为发挥村内良好的生态优势，村集体成立众石城鑫乡村旅游专业合作社，以满族农村田园风情为基调，盘活闲置农宅，开发精品民宿35户，一次可接待住宿游客200人次；开发村内旅游线路4条，分别为拥军洞府、观星台、古松串井及王府老宅，发展乡村山野文化旅游；建成游客接待中心一座，新建旅游公厕3座，初具接待、办公、导引等功能。

（三）开展内置金融改革，大胆探索乡村治理新路径

在县政府的主导下，石城子村与中国乡建院合作，探索农村综合治理与发展（内置金融）改革新模式，成立众石城鑫乡村旅游专业合作社。合作社遵循社员制、封闭性、民主管理原则，面向社员内部开展资金互助业务，在风险可控的前提下为社员生产、生活提供资金支持。截至目前，共发放贷款30多笔，共计200余万元，为村集体及村内数十位村民发展产业提供了资金支持。现已用资金互助产生的利润为24位长者社员派发敬老金每人600元。

（四）大力实施农村环境整治，守护绿水青山

为守护好石城子村绿水青山的良好生态环境，村民们在村委会组织下，人人动手、户户参与，大力开展人居环境整治活动，从民户到小巷，从村内到村外，从村路到河道全面开展美化亮化治理。特别是2019年初，石城子村在全县率先开展垃圾分类治理。经过制定规章制度、宣传发动、购置设备、完善设施等措施，垃圾分类治理收到了良好效果，不但村容村貌得到整体

提升，改变了村民的日常生活习惯，还带来了较好的经济效益。通过垃圾分类，利用可腐烂垃圾，每年可制造有机肥25吨，为村民节省购买有机肥开支1.5万元。通过开展垃圾分类治理活动，村里环境更加整洁了，村民素质提高了，受到多家媒体报道和各级领导关注，受到来村游客的高度赞扬，并吸引多地前来参观学习。

（五）制定村规民约，正风树气顺民意

为营造石城子村团结奋进求发展的浓厚氛围，村班子经与村民议定，制定村规民约20条，主要在尊老爱幼、生态环保、环境整治、婚丧嫁娶等方面进行引导约束，每户签字承诺并自觉遵守。

石城子村经过近几年的综合治理和发展，村级各项事业步入快速良性发展轨道。村集体经济从无到有逐步发展，集体山场、集体果园、集体菜园等集体增收项目不断发展，村集体收入惠及全体村民，医疗保险等费用全部由村里支付（图2）。正如村歌所传唱的那样"大山沟里空气鲜，石头也香甜"，四面环山、远离都市的石城子，经过石城子人多年的守护，默默无闻的小山村终于受到大都市人的青睐，民宿产业做得风生水起，乡村旅游方兴未艾，每年接待游客7000人次以上，被游客誉为"可以深呼吸的最后净土"。2019年有北京客户在石城子村投资改造民宿一座，还有15座民宿建设项目正在洽谈中。

图2　村集体菜园

秦皇岛市山海关区孟姜镇北营子村
"四墙同砌" 翻盖乡村治理新洋房

编者按：乡村治，百姓安。山海关区孟姜镇北营子村依托浓厚的文化底蕴和满族民俗的独特魅力，在坚强的基层党组织领导下，科学规划，凝心聚力，开拓创新，彰显特色，全力实施兴文化、旺产业、美环境、强治理专项行动，打造燕山脚下最美长城村落。

山海关区孟姜镇北营子村位于山海关区东北部，为"闯关东"第一村，南接"两京锁钥无双地，万里长城第一关"的山海关古城，北连"双峰峥向，宛如角立""万里长城第一山"的角山，是通往角山长城的必经村落。全村共90户285人，满族人口占56%，是山海关区少有的少数民族文化村之一，现有耕地面积300亩，以种植山海关大樱桃和设施蔬菜为主，农民人均可支配收入近2万元。2016年北营子村被列为省级美丽乡村，2017年荣获"市级红旗党支部"称号，2018年被评为市级最美长城村落，2019年成功入选全国乡村治理示范村。近年来，北营子村以"四墙"为搭建点，打造乡村治理新典范。

一、基层组织有力，筑牢党建引领示范墙

民主栅栏立得稳。北营子村有党员13人，"两委"班子成员6人，村民代表12人。北营子村立足实践，探索党员队伍建设和基层党组织建设新思路，建立健全村级班子建设民主机制，保障村民的选举权和监督权；规范民主决策机制，保障村民的决策权；完善民主管理制度，保障村民的参与权。

成立村务监督机构，修订完善村规民约，充分发挥红白理事会、道德评议会、村民议事会、禁毒禁赌协会的作用，积极引导和规范村民自我管理、自我监督、自我服务。

服务理念暖人心。创建服务型基层党组织，突出村党组织领导地位，将其功能定位为既是领导者、组织者，更是服务者，致力于"有问题找书记，有困难找组织"的服务体系建设，形成"问题不出村，有忙大家帮"的良好氛围。建成服务功能完善、硬件设施齐全、规章制度健全的村民服务中心，为村民提供网上购物、缴费等6项功能，实现"一门式办理""一站式服务"。在各项村级事务中，充分发挥党员的先锋模范作用，环境卫生综合治理、护林防火、农业产业结构调整等工作均取得显著成效，全面发挥了村党支部的战斗堡垒作用。

二、村史文化积淀，刷亮民族民俗新风墙

历史文化窖藏深。北营子村原为北翼城，清乾隆八年，在山海关城东北隅设左翼协领署，后移此（即北翼城）。民国十年二月裁撤山海关旗营，所有官产官物变价分给驻守官兵，使其各谋生计，遂为村落，即为北营子村（图1）。北

图1　北营子村村貌

营子村与山海关设卫建关的历史紧密相连，可以说是山海关自明代以来历史的缩影。山海关区政府组织召开史馆展陈论证会，听取专家意见，协调各方，实地督导，委托秦皇岛市关里关外文化传播中心对实物、影像、文字资料进行全面搜集，清理了北营子村历史发展脉络和现实状况。历时3个月，北营子村史馆于2017年7月圆满落成，成为我市经专家认证的第一家正式村级史馆。史馆共分为4个展示版块，通过对"北翼风云""北营过往""汉风满韵""浅山福地"的文化展示，发掘历史文化，立足全域旅游，使村史馆成为颇具满族风情的研学基地，带动北营子村向长远、立体方向发展。

特色村落底色亮。主街道两侧墙体绘制"闯关东""满族风情"特色裸眼3D文化墙（图2），书写特色文化石，现北营子村已成为名副其实的"网红打卡地"。目前，北营子满族文化长城村落项目已经被列为2020年秦皇岛市第二届旅发大会重点项目之一。与此同时，北

图2　北营子村主街道两侧3D文化墙

营子村村民也在浓郁的历史文化和满族民俗文化的滋养下，弘扬崇德向善、扶危济困、扶弱助残等传统美德，培育了团结向上、淳朴和谐的文明乡风。

三、特色农业兴旺，搭建第六产业融合墙

多元种植产业旺。村党组织带头人千方百计提高村民的致富本领，为农民群众寻找致富门路，因地制宜发展致富产业。把握市场，调优产业结构，由单一的大田种植向特色规模种植发展。近年来，北营子村依托山海关大樱桃公共区域品牌优势，发展大樱桃150亩、设施蔬菜50亩。种植业亦成为村民重要的收入来源。

产业融合链条长。充分利用优越的地理位置，挖掘和丰富历史文化资源，把握历史脉络突出点；以美丽乡村建设为抓手，建设有独特地域、本土气息的乡村风貌；以富民强村为目的，充分调动村民积极性，重点在"大樱桃、设施蔬菜"农产品品牌打造、产品包装以及旅游衍生品开发上下功夫，加强乡村旅游开发，开展观光采摘体验游园，打造农村美、农业强、农民富的北营子村。

四、宣传形式创新，加固共同参与法治墙

法治宣传花样多。在采用墙体彩绘、悬挂条幅、"法律进家"、发放传单等传统宣传方式的基础上，村联合区委政法部门定期开展法律法规宣传活动。结合"弘扬传统文化，法治点亮古城"活动，为村民送去绘制法治元素的宫灯、窗花、春联；开展"请法律顾问进村居"活动，实现法律援助服务群众"零距离"；"两委"成员带头尊法、学法、守法，建立村矛盾纠纷调解机制，强化村民自觉抵制违法犯罪的思想意识，营造人人尊法、守法的良好氛围。农村生活安定有序，村民关系和谐。

共同参与促和谐。网络平台建设全面铺开，建立"村居法律顾问微信群"，由司法所工作人员、北营子村"两委"干部、人民调解员、党员和村民组成，解答群众咨询、指引法律服务、宣传法律法规，形成全流程、全天候、全地域、全参与的高效法律服务系统。同时，为进一步提升村民的法治意识，围绕重点人群、重点时段、重点活动及时提供精准、普惠、高质的法律服务。

唐山市遵化市团瓢庄乡山里各庄村

村企共建绘美景　乡村治理绽新颜

　　编者按：遵化市山里各庄村以强化治理体系和治理能力建设为重点，采取村企共建模式，将自治、法治、德治相结合，实现了村庄生态美、精神美、产业美，建设了一个充满活力、和谐有序的善治乡村，让老百姓体会到了实实在在的获得感、幸福感和安全感，为我们提供了实践乡村治理的新途径。

　　山里各庄村是遵化市团瓢庄乡第一大村，毗邻省道遵宝线，全村共有802户2599口人，耕地面积3776亩。现任"两委"班子成员6人，党员99名，村民代表24名（图1）。该村将乡村治理与村企共建有机融合，取得了显著成效。

图1　山里各庄村村标

一、开展乡村治理行动，实现环境美

强化组织领导，坚持党员带头。村里大小事都按规矩办，党员向干部看齐，群众向党员看齐，村干部带头严格自律，遵规守纪，制定了村规民约和保持卫生整洁责任书，挨家挨户签字承诺，调动广大群众用自己的双手创建美好家园的积极性（图2）。为改变曾经脏、乱、差的落后村貌，山里各庄村确定了"把村道当面子、把清澈水面当镜子、把屋前屋后当里子"的工作思路，拿出沙石峪当代愚公精神，敢啃硬骨头、勇于担当、能吃苦、有作为。组织党员群众坚持一把尺子量到底，一鼓作气，拆除违章建筑187处，清理垃圾5000多米³，建垃圾池20个，建垃圾处理场1处，村容村貌发生了翻天覆地的变化。

图2　活动室制度上墙

二、开展村貌治理行动，实现生态美

利用村内的废旧大坑，修建了一个占地3000米²的高标准休闲文化广场，安装了LED电子显示屏，配备健身器材20套，栽植各种花木1000多棵，为村民们提供了休闲娱乐的好去处；充分利用好"一事一议"、部门帮扶等财政资金，争取各类款物110多万元，先后硬化道路2万米²（图3），安装路灯218盏，栽植玉兰、白蜡、金叶榆绿化苗木6万多株，每条街道种植的树木都不同，可谓一街一景。建设野生猕猴桃景观长廊1000米，村内3个污水坑全部被治理成荷花池，成为村里靓丽的风景。建成230米^{2}的村民中心1处，建成唐山唯一一家标准化"妇女之家"，给村民提供了健身、娱乐、休闲、学习的好去处，越来越多的村民融入到文明、健康、和谐的生活方式中（图4）。

图3　街道硬化施工现场

图4　村民健身广场

三、开展文明创建活动，实现精神美

美丽乡村建设中人是最核心、最根本的因素，不仅要有美丽乡村的面貌，更重要的是有美丽乡村的内涵。这个内涵就是要有最美村民。山里各庄村提出"建设美丽乡村，带出最美村民"的口号，对村民进行培训教育，让村民改变陋习，形成创建美丽乡村的合力，筑一个"美丽乡村梦"。

村里通过组建文艺宣传队、专家讲座、到外地参观等形式，深入宣传"德孝"文化，开展"我爱我的家"等活动，激发村民"自己家园自己建"的热情。组建了200人的环境治理和公益事业志愿服务队，不定期开展志愿活动，并涌现出了270多户"美丽庭院标兵户"。助人为乐、邻里和睦、尊老爱幼、勤俭持家的良好风气渐渐在村民心中落地生根。

四、实施惠民项目行动，实现产业美

如何在美丽乡村建设中寻求相应的产业支撑？山里各庄村积极探索村企"联姻"的合作发展模式，确定了"村企共建、产业富民"的思路。在遵化市委市政府的领导下，山里各庄村大力调整产业结构，充分利用区位、土地和人力资源优势，与河北省农业产业化龙头企业——遵化市亚太食品有限公司洽谈合作，联手开发了总投资10亿元的集旅游、休闲娱乐、餐饮于一体的亚太农业旅游观光园项目。发挥自身优势，发展创意农业产业，以农业种植为基础，通过农产品深加工增加农业收入；开展创新，发展乡村文化旅游，充分融合农业种植、农产品深加工、乡村旅游三大产业，实现农业多元化发展，提升农产品价值。主要建设了休闲农业示范、农产品加工配送、生态餐饮住宿、商务休闲娱乐四大功能区，打造了集特色农业、精深加工、休闲旅游于一体的一二三产业融合发展示范区。

目前，项目已完成投资2.1亿元，流转土地2000亩，建起600多亩草莓采摘园、178个温室大棚、500亩新品种水果采摘园，引进培育盆栽苹果1万株；此外，还建有滑雪体验、农家美食品尝、红木紫砂鉴赏等项目，组建了2个农产品专业合作社、3家家庭农场、民俗风情园、大型会议中心、拓展训练营、葡萄酒庄、滑草场、水上乐园等，接待能力进一步提升。山里各庄村正成为遵化休闲农业与乡村旅游的一个重要休闲观光基地。如今，人们在这里吃农家饭、住农家院、快乐采摘，玩得不亦乐乎，这里已成为京津及周边城市游客乡村游、自驾游和画家、摄影家采风摄影的一大亮点（图5）。度假区举办的两届草莓采摘文化节、"中国最美乡村，美在山里各庄——2015生态美食（采摘）"体验游活动，更是进一步提升了度假区的知名度，年接待游客已达20万人次。自开展村企共建模式以来，尤其在观光旅游和现代休闲农业的带动下，山里各庄村村民不仅可以获得土地租赁收入，还可以在农业观光园就业，收入由原来的耕作收入转变为土地入股分红加打工收入，人均年收入增加了3万多元。山里各庄村村民的幸福生活真是芝麻开花节节高。

图5　村企共建拓展中心

打通"断头路"引来活力源

编者按：实现乡村振兴，治理有效是关键。唐山市李营村30多年来美丽蝶变得生动实践有力证明，以治理有效为核心，创新乡村治理体系，通过加强组织建设、带领群众致富、壮大集体经济、健全综治体系，走乡村善治之路，是建设充满活力、和谐有序新乡村的鲜活路径。

20世纪80年代的李营村，曾经走到山穷水尽的地步：支部是摆设，作用发挥难；赚钱无门路，群众致富难；集体实力弱，花钱办事难；管理没章法，村庄治理难。四个老大难，就像四条断头路，制约着村庄发展，阻碍着乡村振兴。"五多三少"是当时李营村的真实写照：光棍多、放火多、赌博多、小偷小摸多、打架斗殴多；村民收入少，过好日子的少，家庭和睦、邻里团结的少。而且街道不通，私搭乱建，柴草乱放，污水横流，治安乱，民风差，是远近闻名的穷村、乱村。

1987年以来，新任村党支部书记带领全村群众自力更生、艰苦奋斗，埋头苦干、锐意进取，活络关节，"修桥补路"，以扎实有效的乡村治理，演绎出鲜活生动的乡村振兴美丽传奇。

一、坚持党建引领，把准"方向盘"

作为农村各项事业的领导核心和乡村治理的根本力量，基层党组织的治理能力直接决定着乡村治理的成效。村支书横下一条心，从基层组织建设抓起，把班子带好，把"内核"做实，做强"火车头"，打好翻身仗（图1）。

图1　李志刚书记带出的团结奋进的村"两委"班子

（一）刀刃向内，自设紧箍咒

新支部一上任，就向村民公开"待客自己掏腰包、亲戚朋友不许沾光"；规定了"村官四必"：村干部必须把公事当作家事，必须为村庄看家护院，必须把家庭建成不讲条件支持干部工作的"后院"，必须带群众发家致富。目前村财务账上没有一分待客开销，村里办事有人略表心意，都被村干部拒收。

（二）先锋引路，党性变财富

党员率先垂范，与群众同心同向，点燃起全村干部群众干事创业的激情，村庄建设党员带头、群众出义务工已成常态，没有性别差异和年龄界限：2000年安装管灌节省资金13万元，2008年新民居加装红顶节省资金12万元，2012年建人工湖节省资金125万元。30多年累计出义务工达到10万多个，节省资金五六百万元。2018年建农村党员培训基地，党员干部连续在村委会吃住70多天，夜以继日摸爬滚打，提前了工期又节省了开支，被群众誉为"老虎队"。

（三）民主管理，制度进笼子

村"两委"干部不专断、不揽权，坚持民主科学管理。党务、政务、财务公开，村干部年度述职评议坚持不辍，重大事项坚持"一事一议""四议两公开一监督"和民主决策"工作十法"。

二、带领群众致富，服下"定心丸"

（一）产业升级，调整结构拔穷根

1988年启动"旱改稻"，打井、修渠、办电、架线，发动村民集资，村干部担保贷款，投资3.5万元种植800亩水稻，收入增加15倍。从此李营村转型升级一发不可收，接连完成拱棚蔬菜、冷棚蔬菜、中棚蔬菜、温室棚菜、猪沼菜一体化生态棚菜和现代农业示范园跨越升级。如今启动了第八次结构调整，将农业生产和观光旅游科学嫁接，发展生态农业旅游观光园项目，现代农业发展进入一个崭新阶段，人均可支配收入也由1987年的200元增加到6万多元。

（二）为民解忧，多元服务激活力

李营村是典型的棚菜种植区，一家一户独立经营，水电自己解决，道路自己铺设，成本高且极为不便。村"两委"决定，集体出资加强基础设施建设，提供基本公共服务，水、电、路通到蔬菜大棚，统一管理，优化服务。硬化路面进地头，基础设施进大棚，村民开着汽车种菜，拧开龙头浇水，解放了劳动力又释放了活力，"快乐农业"成为一道亮丽风景（图2）。

图2 李营村街景

（三）创新路径，拨开困惑亮前景

传统种植方法、家庭经营模式导致土地升值潜力越来越小，而棚菜种植区土地流转困难，难以实现规模经营。李营村在实践中探索出一条崭新路径，在家庭经营基础上，对全村土地统一规划、统一标准、统一施工、统一管理，在不改变土地属性和承包经营关系的前提下，绕过土地流转实现了规模经营，提升了农业效益，农业活力激情迸发。

三、壮大集体经济，筑牢"压舱石"

在推进乡村治理的过程中，村"两委"整合村内零散边角地建成高档绿化苗木基地，流转邻村闲散土地栽植高档绿化苗木，村中废弃的育苗室转身经营鲜花养植，让闲散土地升值，给集体经济"造血"，探索出"借海扬帆""腾笼换鸟"绿色发展模式，把一个简单的栽树、卖树过程，循环成滚雪球似的，规模不断扩容、财富不断增值的"绿色银行"。现在，李营村拥有500亩高档绿化苗木培育基地1个，仅此一项村里每年就收入几十万元，潜在价值1千多万元，趟出了一条通过内涵发展壮大村集体经济的成功路径，筑牢了乡村治理的"压舱石"。

四、健全治理体系，装好"稳压器"

（一）以广开言路、化解矛盾实行自治，我的村庄我做主

村"两委"广泛听取党员群众的意愿和呼声，不搞"一言堂"，村民愿意的多难都办，村民不愿意的坚决不办。不管是开稻田还是建大棚，修水泥路还是建村民活动中心，凡大事要事总要召开全体党员会议和村民代表会议民主决策。

（二）以坚守底线、法外设"法"实行法治，划定规矩成方圆

开展法治宣传，增强法治观念，提高全体村民法治素养。村里还制定了"小宪法"：党员教育管理"三切实、三经常、三严管"，村民出义务工"四明确、四清楚、四不准"，房屋地基、院墙、高度"三统一"，环境卫生"门

前三包"等，人人都要遵守，
没有"法外开恩"（图3）。

**（三）以春风化雨、成风
化俗实行德治，潜移默化树
新风**

充分利用远程教育、宣
传栏、黑板报、微信群等宣
传载体，认真贯彻落实《公
民道德建设实施纲要》，深入

图3　干净整洁的绿化街道

学习践行社会主义核心价值观，广泛开展道德模范、身边好人评选表彰，知
荣辱、讲正气、促和谐蔚然成风。修订完善村规民约，发挥道德评议会、红
白理事会、禁赌禁毒协会等群众自治组织的作用，严禁婚丧嫁娶大操大办，
弘扬正气，树立新风。组织村民开展好婆婆、好媳妇、好妯娌、好邻居、十
星级文明家庭评选及卫生"门前三包"等活动，村民素质不断提高，社会风
气持续向好。

（四）打通断头路，路通心通，心通村兴

李营村乡村治理开启快进键，跑出加速度，表现出以乡村治理推进乡村
振兴的汩汩活力，走出了一条产业兴、生态美、乡风正、治理好、生活富的
振兴之路，也孕育形成了担当、实干、拼搏、进取的李营精神。李营村先后
被评为全国先进基层党组织、全国文明村、全国卫生村、全国民主法制建设
示范村、全国计划生育基层群众自治示范村。村党支部书记李志刚先后被评
为全国优秀退伍军人、全国劳动模范，多次受到党和国家领导人接见，2018
年当选为第十三届全国人大代表。

唐山市玉田县杨家套镇西高坻村
环境美　产业兴　村民富　秩序美

编者按： 玉田县杨家套镇西高坻村始终坚持"以基层工程塑形、以产业发展强基、以文化工程铸魂"的村级发展思路，推进村级各项事业蓬勃发展。在此基层上，不断完善治理体系，提升治理能力，建设了一个充满活力、和谐有序的善治乡村。

玉田县杨家套镇西高坻村位于玉滨公路西侧、距玉田县城15千米处。全村共有人口680人，耕地约1100亩，村庄占地约350亩。近年来，依托3A级景区农福缘（玉田灵芝小镇）、非物质文化遗产玉田泥塑等文化资源，不断推进村级建设。现在的西高坻村村容整洁、乡风文明、治理有效，显现了生活富裕、幸福和谐的新农村气象（图1）。

图1　西高坻村村庄标识

一、夯实基础 聚焦环境改善

近年来，在村"两委"班子带领下，村民们齐心协力完成了全村3200延米的村庄硬化工程，全面实现"户户通"，先后在主副街道安装路灯98盏，实现了全面亮化，极大地方便了群众出行。为进一步提升村庄品味，主副街道两侧还栽植了观赏树木950棵、绿化观赏花草2万株，实现了四季有绿、三季有花（图2）。

图2 西高坨村村庄街道硬化、绿化一景

全村179户都进行了旱厕改造，极大地改善了如厕环境，有效抑制了疾病传播。2019年村里启动了"气代煤"改造，投资290多万元开展节能改造工程，为全村220多栋房屋安装了节能保温板，更换了双层玻璃窗户，全面实现了清洁取暖，提升了村民居住条件，也节省了能源。同时，启动了生活污水处理项目，在村内街道修建了2500延米排水沟，为每户安装了生活污水处理设备，经过处理的生活污水可用于灌溉，实现"雨污分流"和生活污水无害化处理。

此外，村里还投资40万元建设300米^{2}文化礼堂一座，丰富村民文化娱乐活动；投资10万元建设50米^{2}卫生厕所一座；投资12万元修建800米^{2}休闲公园一处，丰富群众业余生活（图3）。

图 3　西高坵村街角公园

二、强化治理　聚焦能力提升

（一）坚持村党组织的领导地位

西高坵村不断推进"法治、德治、自治"体系建设。探索农村基层党建工作新方法，提升村级组织的整体水平，巩固和强化班子的战斗力，保持"两委"班子团结、奋进、发展优势。在村"两委"的带领下，村里建立了村代会、村监会、妇联等各类组织，为村事业发展提供了坚强组织保障。

（二）坚持民主决策

西高坵村严格落实村级事务"三议一行一监督一服务"工作机制，确保村级事务管理和工作规范化、制度化；强化民主监督，村民代表决议的事情全部在村务公开栏进行公开，决策事项执行过程公开透明，全程接受村民监督；遵守村财务管理制度、村务公开制度，按照上级要求，定期对村内重要事务事项进行公开。

（三）坚持依法治村

村"两委"成员带头尊法、学法、守法，依法治村，村民法治意识得到明显增强，2019年西高坵村被县级确定为"法治示范村"；深入开展社会主义核心价值观宣传教育，推行"文明祭扫"等移风易俗活动，举办创建"美丽庭院"、寻找"最美家庭"等活动，引导村民自觉建设文明家庭，培育良好家风，形成良好社会风尚。

（四）建立信访矛盾排查长效机制

定期排查信访隐患，妥善处理矛盾纠纷，将信访解决在萌芽状态，同时做好敏感时期信访工作。近年来村内基本无越级访、群体访事件，村内社会和谐稳定；大力开展扫黑除恶、禁毒踏查等工作；做好安全工作，落实"一岗双责"责任制，实行安全生产网格化管理，村"两委"干部都是安全生产网格员，定期对责任区进行安全巡查。近年来村内无重大安全生产事故和刑事案件，维护了村民生命财产安全和社会治安稳定。

（五）深入开展移风易俗

深入开展社会主义核心价值观宣传教育，推行"文明祭扫"等移风易俗活动，同时举办创建"美丽庭院"、寻找"最美家庭"等活动，引导村民自觉建设文明家庭，培育良好家风，形成良好社会风尚。村内还组建了秧歌队、鼓乐队、卡拉OK演唱队等文体队伍，极大丰富了村民文化娱乐生活。

三、立足资源 聚焦产业富民

依托自身优势，筑牢村级经济发展基础。该村成立了村集体经济合作组织，不断发展壮大村集体经济；借助玉滨公路紧邻高速公路、交通便利的地理区位，积极招商引资，引进了投资5000万的有机地球（玉田）植物护肤生产基地项目；鼓励村民经商办企，以农福缘企业为依托，调整产业结构，引导村民种植草莓、桃、蔬菜等经济作物，带动村民增收致富。

注重文化传承，弘扬民间技艺，在文化礼堂内建设了80米^{2}泥塑工作室和泥塑展厅，培育其寻找传承人，保证艺术的延续性。

西高坨村的未来是美好的，充满着无限可能，它正以矫健的姿态朝富裕村庄、美丽村庄、民主村庄、和谐村庄迈进，西高坨人必将拥有更加和谐、更加幸福的美好生活。

唐山市滦州市滦城街道花果庄村
突出文化生态特色　建设升级版的魅力乡村

编者按： 滦州市花果庄村依托文明、和谐的村风民风，完善村内基础设施、打造优质人居环境，大力发展村内产业，不断提高村庄治理能力，建设环境美、产业美、精神美、生态美的新农村。

滦城街道花果庄村位于铁路京山线、国道205北侧，全村126户406口人，党员20名，村"两委"5人。近年来，花果庄村高举乡村振兴大旗，抓住有利时机，按照"着眼大提升、立足高标准"的思路，因地制宜，统筹推进，全力打造升级版的魅力乡村（图1）。

图1　花果庄村村标石

一、突出科学推进，建设特色鲜明的"品质乡村"

按照高起点规划、高标准创建的思路，推进乡村品质升级，打造无处不精美、无处不精彩、无处不精细的美丽乡村。

一是坚持规划引领。突出高端定位，先后聘请县规划局和本地规划权威人士对村庄建设进行科学规划，制定了推进美丽乡村建设"路线图"，计划总投资1350万元，重点实施村街硬化、美化、亮化、绿化，2个健身广场建设、两层9间村两室及户户通等15项工程，做到从仿古牌楼到每一条街道、每一个墙面都统一规划、统一设计、统一建设。

二是坚持高标推进。立足高标准、高定位，对照美丽乡村建设要求，逐条逐项分析比照、狠抓落实。全村80%的路面得到重新硬化，绿化带面积占全村面积1/3以上，完成墙体改造1.3万米^2，墙体全部完成抹白；投资近30万元，完成改厕140套，村民茅圈被彻底取缔；完成进村路景观墙建设1500延米，对主街道每家门楼统一规划建设，打造了青砖黛瓦、古今辉映、整齐划一的景观精品；投资160万元，完成道路取直及村街道路硬化3万米^2；投资300万元，建成2500米^{2}的村两室、便民服务中心和健身广场；投资400万元，加快建设农业生态园项目，提速产业支撑步伐；组建了5人的义务清洁队伍，将各户"门前三包"以村规民约的形式固定下来，做到了全村卫生没有死角，环境卫生治理实现制度化、常态化、规范化。

三是坚持合力创建。镇村干部和村民心往一处想、劲往一处使，形成合力攻坚的浓厚氛围。镇党委书记坚持每天早晚时间进村入户，亲自指挥、亲自协调、亲自督导，帮助村内解决各类困难30多个，为工作顺利推进提供了坚强保障；支部书记李艳坡带着全村父老全身心投入农村面貌改造提升工作，形成了全民共创的生动局面。

四是坚持攻坚克难。为破解资金难题，花果庄村采取"县里补一点、镇里奖一点、村里自筹一点、爱心企业和村民捐助一点、帮扶单位帮助一点"的多元化筹资模式，累计解决资金1300多万元；同时，在项目招投标、建设资金使用、用工款项等重大问题上，坚持公开、公正、透明原则，确保资金管理使用公开透明。

二、突出文化特色，建设富有内涵的魅力乡村

文化是乡村建设的灵魂。花果庄村坚持因地制宜，加大文化传承保护力度，延续村庄历史文脉，彰显出"一树、一石、一塔、一传说"的文化特色。"一树一传说"：该村有棵树龄超过350年的古槐树，传说300多年前，一户吕姓人家迁到这里居住，建成花果庄的雏形，当时栽了很多果树，间或栽植了不少杨树和槐树，因此得名"花果庄"。为保护传统文化，传承历史文脉，在规划时该村将这棵古树列为重要内容，在古树周围修建健身广场，取名为"梦想广场"，禁止树下几户村民翻建房屋，给古树腾出更广阔的生长空间，见证花果庄村民健身娱乐、和谐相处、世外桃源般的美好生活。"一石"：由企业帮扶出资4万元，在进村醒目位置矗立起一块巨大的牌石，石头上由河北省作协主席关仁山书写"花果庄村"四个大字，并在背面书写"厚德载物、上善若水"八个大字，既是对村庄文化的总结，又提醒当地群众要传承美德。"一塔"：村内有一座修建于20世纪60年代的水塔，塔高30米，远远就能看到。水塔现在已经失去了使用价值，但群众为了不忘历史、感怀过去生活，自发地将水塔保留了下来，并在周围采取了保护措施，让它见证花果庄村翻天覆地的变化，诠释"上善若水"的传统美德。

三、突出环境品牌，建设绿色宜居的生态乡村

充分发挥比邻新城的区位优势，实施扩规提质工程，加速与城区对接步伐，以"村在园中、街在绿中、人在景中"为目标，将花园、绿地建设摆在突出位置，投资230多万元，加快建设生态文明乡村。

一是实施"西拓"工程。通过与铁路、贾官营村等多方协调，将进村路向西平移了20米，实施裁弯取直工程，建成了300延长米的景观墙，栽植法桐等观赏树木100余株，在村入口处修建了仿古牌楼。在此基础上，将村西拓宽出的土地建成长500米的走廊式公园，使之成为进村后最先映入眼帘的一道亮丽风景。

二是实施"东扩"工程。为了完善新农村功能，在镇政府协调下，村东向后明碑村征了10亩地，用于建设主题公园、广场、高标准的村两室和便民服务大厅、连村路等设施（图2）。

三是实施"南展"工程。积极与铁路、交通等部门协调，将村南与铁路相邻的20米范围内，修建成线性公园，既拓宽了村址、增加了绿化总量，又美化了路两侧的环境。

图2 花果庄民俗博物馆

四是实施"明线入地"工程。为彻底解决村内电线、网线等各种线路混乱问题，镇党委镇政府积极与帮扶单位国网冀北滦县供电公司协商，由其出资40万元为该村实施了线改入地工程，该村成为全市第一个没有明线的村庄。同时，通过加快推进绿色生态建设，共栽植银杏、樱花树、玉兰等观赏树木1300余株，栽植绿化花木2100株，实现了观赏树木、灌木、花草立体交叉配置、四季搭配生长，高低错落、交映生辉的生动格局，花果庄村真正成为花园式美丽乡村。

唐山市迁安市五重安乡万宝沟村
让权力在阳光下运行　让服务更贴近民心

编者按： 一个清单即是工作标准，村级小微权力清单制度为开展农村治理提供遵循。在农村治理工作中，可能会出现村干部用权任性、工作不透明等问题，群众不理解、不支持。为破解这一难题，万宝沟村探索推出了村级小微权力清单制度，开创了农村公共服务清单式先河。

五重安乡万宝沟村坐落于迁安北部长城脚下，该村共86户302口人，耕地面积358亩。近年来，万宝沟村充分挖掘历史元素，以"记住乡愁留住梦"为主题，突出"长城、边塞、营口"文化，用经营村庄的理念，打造长城脚下的村落。在村内公共空间进行改造，建设古井节点、樱桃园、健身广场、休憩园，安装污水处理设施，对氨水库遗址进行保护，对村委会进行改造，建设村史馆、停车场、特色石头墙、时光街等一系列乡村特色景观，对河道进行清淤并打造景观。万宝沟村发展壮大村集体经济，利用闲置校舍，引进了无污染、零风险的箱包厂，安排90人就业，年实现收入220万元，户均增收2万元。借助周边优美的自然环境，以扶持壮大集体经济为契机，建设容纳40人吃、住、娱的高档民宿，带动农户发展民宿、农家乐，努力实现从建设美丽到经营美丽、从输血式扶持向造血式发展的跨越，成了远近闻名的乡村旅游景点。该村在改造治理过程中，探索新模式，解决实际困难，开创性地推行村级小微权力制度，为各项工作保驾护航，全力支撑乡村治理工作，取得了显著成效。万宝沟村以推行村级小微权力规范运行，努力提升农村治理标准质量。现将该地典型做法——小微权力清单制度汇报如下。

一、"民意式"汇总

2015年9月，万宝沟村结合自身实际情况，倾听群众心声，发现在乡村治理过程中，群众关心的问题集中反映在村干部用权任性、办事不公、工作不透明，村内"三资"监管不到位等方面，占比70%多（图1）。因此，规范村务管理，管住干部用权行为，不仅是群众的心声，也是探索基层源头治腐的重要举措，更是开展为民服务、乡村治理的积极探索。

图1 广泛听取干部群众意见建议

二、"清单式"梳理

为解决"让群众看明白"的问题，万宝沟村在五重安乡的支持帮助下，邀请上级纪委、组织部、民政、农林等部门共同反复推敲，出台了《万宝沟村村级权力清单36条》，固化了村干部项目招投标、"三资"管理等15项集体事项办理流程、发展党员、低保申请以及村级印章使用等21项便民公共服务事项管理办法，基本涵盖了村级组织和村干部的所有权力。通过绘制权力运行流程图，明确了每项村务工作的事项名称、具体实施的责任主体、权力运行的操作流程、运行过程的公开公示等内容，使村干部和村民都可以清晰地了解村务决策的程序，所办理事项的步骤、时限和责任人。

三、"配政策"跟进

为了保障小微权力清单制度的有效运行，万宝沟村出台了一系列配套措施。《农村公共资源招投标管理办法》明确了村级工程建设项目、商品购买、资产资源处置等办法，凡超过1万元的，必须进入乡农村公共资源招投标管理中心进行交易，对招标简章的起草、公示，招投标过程的把关、监督到合同的签订实行全程监管（图2）。万宝沟村率先推行"村务公务卡"制度，村内所有的现金往来一律通过银行转账，村会计财务收支不动现金，实现了资金的无缝对接、封闭运行。

图2　农村公共资源招投标管理办法

四、"全过程"监督

在保障村级权力清单36条落实上，万宝沟村作为试点村之一，在提前预防和过程监督上下功夫，取得了明显的成绩。

一是实施村务监督"清单式履职、积分制管理"。 五重安乡成立河北首个乡镇级村务监督指导中心，对村监事会实行按事计分、以分定酬，运用正、负两个积分系统，按照8大项45个履职要点和4个防控项目12个履职不当情形，明确干什么、谁来干、怎么干、什么时间干成，压实村监事会责任，实现了对所有村级事务内容监督的全覆盖，以及对村级事务事前、事中、事后的全过程监督。

二是推行党务、村务、财务电视公开。 在全市率先利用有线电视推行党务、村务公开工作，建立起了直接面向广大农村用户的党风廉政建设科技监督平台（图3）。目前互动用户5000户，百姓足不出户就能了解村里的大

图3 党务、村务监督平台

事小情，扩大群众知情权、参与权、监督权，倒逼村干部规范用权，真正实现让百姓明白、还干部清白。

五、"立机制"问责

在充分考虑农村实际和村干部工作状况的基础上，五重安乡党委乡政府研究出台了《农村干部违反廉洁履职若干规定责任追究办法》，详细界定了村干部违反工作纪律、民主决策、民主管理、民主监督以及移风易俗等45项责任追究的行为，并细化了责任追究的标准，以警示谈话、通报批评、责令公开检讨、停职检查等组织处理手段，配套实施扣发绩效补贴等经济手段，不论是谁，不讲情面，从严追究村干部违规违纪责任。

廊坊市大城县臧屯镇王纪庄村

小村落的三维度乡村治理模式

编者按：王纪庄村是大城县远近闻名的示范村。近年来，通过兴教育、兴土建、兴文明，从村庄经济发展、建设发展、文化发展三个维度不断推进乡村治理进程，以点带面，统筹推进，村街集体经济迅速发展，村民生活水平持续改善，为村庄社会事业发展奠定了坚固的基石。

一、抓机遇，兴教育，解锁乡村经济振兴新思路

王纪庄村位于大城县臧屯镇东南部，全村455户1508人，长期以来以传统的种植、养殖为主要经济来源，是一个地处偏远、人口较多、经济落后的困难村，底子薄、经济弱，一直是制约村街发展的瓶颈。2007—2008年，京沪连接线和廊沧高速建设，给王纪庄村带来了新的发展机遇，因高速工程取土、料场建设，王纪庄村按照有关政策规定获得了一笔占地补偿款。这笔资金为激活村街发展注入了活力，好钢要用在刀刃上，在充分考虑基础薄弱、产业劣势、地处边缘等实际情况的基础上，村"两委"经过仔细研判做出了一个重要决定，即教育兴村。一直以来，村里及周边没有幼儿园和学校是最大困难，这笔资金解决了孩子们上学的燃眉之急。2014年，征得广大村民的理解和支持后，王纪庄村投资建设幼儿园1所，园内建设大型操场，配套淘气堡、滑梯等娱乐设施，当年年底建成，第二年投入使用，招收了本村和邻村近百名学龄前儿童，既满足了幼儿就近入学接受教育的迫切需求，又给村

街创收带来了信心和希望。2016年，经教育局批准王纪庄村创办了全日制九年一贯制封闭式民营学校，村委会集体企业王纪庄中学正式挂牌成立，并先后投资8000多万元，修建高标准校舍、实验室、图书室、音体美教师、仪器室、计算机室及400米标准操场等（图1）。目前，王纪庄幼儿园共有教师职工23人，设有大、中、小共7个班级，其中大班3个，中班2个，小班2个，接收学龄前儿童240人；王纪庄学校现涵盖了小学、初中九年教育，共设47个教学班，有教职员工180人，在校学生2700名。民营学校惠乡民、利千秋，不仅让教育欣欣向荣，也促进了村街经济的蓬勃发展。这种以教育兴村的发展模式，成功破解了多年制约王纪庄发展的瓶颈。

图1　王纪庄学校

二、优环境，兴土建，开启乡村建设振兴新征程

王纪庄村"两委"班子借势美丽乡村建设，坚持从聚焦影响农民群众生活质量的重点难点出发，努力改善村庄基础设施和生产生活条件。

一是实施道路硬化工程。累计投入1000余万元，对村街主要干道及小街小巷全部进行硬化，修建长2500米、宽12米的入村柏油路两条，长3000米的环村路、街心路7条。公路通则百业兴，交通路网四通八达，拉伸了村街发展骨架，方便了村民通行。

二是实施道路亮化工程。
先后投资200万元，在主要
街道和通村公路栽植了法桐、
泡桐、毛白杨、国槐等，树
木苍翠挺拔，形成了一道绿
色屏障，并搭配种植丝棉木、
小叶芹、碧桃、海棠等，层
次分明，色彩明快（图2）。
同时，高标准安装各种艺术
路灯，其中8米杆路灯190余
盏，6米杆路灯160余盏，庭
院杆路灯50余盏，夜晚的村庄华灯初放、霓虹闪烁。

图2　王纪庄街道

三是实施文化娱乐工程。2013年，投资30万元建成街心公园一处，配
备了各种健身器材和休闲座椅；投资10万元，在工业园区附近建成一座灯光
篮球场，配置了高标准体育器材。2016年，投资300万元建设了国家标准的
大人、儿童两个游泳池。投资50万元，对延村黑龙港河进行治理，以村内置
换、补偿的方式整合河道两侧土地资源，推进黑龙港河绿化、硬化、美化工
程，并修建一处新的大型污水处理设备，彻底改善河渠水质；修建了便民桥
梁，沿河修建二步平台，发展休闲垂钓。在村庄面貌得到改造提升后，王纪
庄村坚持规划先行，将全村划分为生活居住、工业发展、基本农田三大功能
区域，村街发展也逐步走上了正轨，如今的小村落宛如一座现代小城。

三、促和谐，兴文明，焕发乡村文明振兴新风尚

"软环境"是乡村文明风尚的"硬支撑"。王纪庄村在加快基础设施建
设、改善村容村貌的基础上，更注重卫生安全、民风民俗、文明素养的"软
环境"建设。

一是卫生整治靓环境。投资5万元，建成1个生活垃圾处理场、11个村

内垃圾池和6个高标准公厕，配备垃圾清运车5辆、保洁员7人，做到了垃圾日清日洁，并构建清洁工程资金保障机制，环境整治走上了制度化、规范化、常态化轨道。

二是安全守卫保平安。村内每个街道口都安装两三个摄像头，做到了监控全部覆盖，并组建日常巡逻队伍昼夜巡逻。此外，村街各路口设置减速带，学校周边设置隔离栏，保障学生、家长日常安全出行。

三是民风民俗弘新风。广泛征求村民意见和建议，发布了"红九条"管理规范，对村民提出了自我约束和相互监督的规范要求。建立红白理事会1处，统一了红白喜事标准。教育村民自觉抵制大操大办、封建迷信，树立勤俭节约的文明新风。深挖新乡贤文化，整理家规家训，通过组织评选道德模范、爱心人士和星级文明户、文明家庭等群众性精神文明创建活动，弘扬社会新风尚。

四是民生保障促和谐。建设高标准老年活动中心1处，为年长者提供服务，免费提供午餐和休息处，并制定高龄老人补贴政策，分年龄段为老人按月发放生活补贴，保障老年人生活质量。同时，设置村街服务性岗位，帮助村内闲置劳动力实现增收致富。

五是村民自治强管理。在保障村民的民主权利落到实处，实现共建共享、全民参与的发展模式的基础上，进一步深化村务公开民主管理，以理事会作为村委会处理公共事务的依托和发展，推进村务公开由办事结果公开，向办事依据、办事流程、办事结果等全过程公开的延伸，协助村民行使村街事务的知情权、参与权、决策权和监督权，共同推动农村建设和经济发展，提高生活水平。

教育方兴未艾，建设蒸蒸日上，村民安居乐业。王纪庄这样一个小村落，通过三个维度的治理模式获得了这样大的发展成效，是千万个乡村治理成功典型的一个缩影。王纪庄村民积极响应村街号召，出人出力，共同建设美好家园，如今，王纪庄村不断改善人居环境，提高民生福祉，用实际行动回应了当年村民们的付出，实现了老有所终，壮有所用，幼有所长，鳏寡孤独者皆有所养的庄重承诺。

保定市莲池区杨庄乡西高庄村
党建推动基层治理创新方式

编者按：1986年至今，30多年间有这样一班人信仰坚定、步履踏实，把握村情特点，紧扣时代脉搏，时刻与中央保持一致，坚持用组织建设为引领、文化育民为抓手、经济强村为基础、全心为民为目标，紧紧抓住基层治理症结，将自治、法治、德治"三治"融合灵活运用，趟出了一条独具特色"党建、育民、强村、为民"西高庄治理道路。

西高庄村位于河北省保定市莲池区杨庄乡，共有386户859人，2011年村镇改造完成，小区现辖710户1700余人。自1986年新的村"两委"班子上任以来，西高庄结合自身特点，紧跟时代步伐，对基层治理工作进行有益探索，实现经济文化发展和平安建设齐头并进，良性互动。

一、多措并举，确保基层治理常态化

面对新机遇新挑战，西高庄村理性研判，紧紧抓住基层治理症结问题，将自治、法治、德治"三治"融合灵活运用，趟出一条"党建、育民、强村、为民"的西高庄治理道路。

（一）坚持依法治村，维持维护公正公道

自1986年开始，通过聘请法律顾问、进行多种形式普法教育等增强村民法律意识。建立健全"两委"联席会议、重大事项报告制度，坚持民主管村与依法治村相结合，实行村务、财务、党务"三公开"和民主听证等制度，推进村务规范运行。规范健全村民代表会议制度、农村财务审计制度、

民主议政日制度等8项制度。注重发挥村民的主体作用，使群众的话语权体现落实在基层治理的全过程中。

（二）坚持以文化人，引导践行正能正量

始终把握对意识形态的全面领导，从会计培训到全省第一个农民高中班，不断创新文化活动载体，先后组建"西高艺术团"等50个群众文化组织，常年开办各类培训班，每年有十余人走进知名高校进修学习，把先进文化融入到群众日常活动中，教育引导村民把社会主义核心价值观融入日常生活，构筑"厚德、务实、团结、向上"西高精神（图1）。

图1　西高艺术团在排练节目

一是开展"人人上讲堂"活动。每周五晚上利用一小时组织村民上台讲课，先后开展了"讲家风故事、树文明新风""十九大精神宣讲"等系列主题活动。

二是拍摄系列专题片。拍摄家庭系列电视专题片《西高人家》，拍摄《红色风信子》《我从西高来》《诚信人生》等多部微电影，记录生活变化，弘扬村庄正能量。

三是开展青少年专项教育。坚持以培育社会主义建设者和接班人为己任，不断强化社会教育和家庭教育，扎实开展"成长礼""成人礼""小小志愿者"等系列文化活动，广泛进行理想信念和中国梦宣传教育。

四是出版文化系列丛书。先后出版《西高庄村志》《微信对话》等35本"西高文化"系列图书，收录了村民演讲稿、专题征文、书法绘画作品等，为村庄留下宝贵精神财富。

五是举办各类文化培训班。陆续举办书法、绘画、器乐、太极、模特等培训班，聘请专业教师任教，免费为村民配发学习用品，极大地激发了村民的参与热情。

六是坚持开展群众性精神文明创建活动。自1986年开始，依托红白理事会建设，积极倡导文明新风，坚持开展"文明家庭""节约之星"等评选表彰活动，以榜样力量引导村民移风易俗。

七是扎实推进网络化教育进程。全村实施无线网络全覆盖工程，成立"音乐书画""党员学习"等微信群，为村民提供全新的学习交流平台，目前正在发起村民学习"学习强国"活动。

（三）坚持丹心为民，凝结汇聚民心民力

坚持把村民根本利益，作为一切工作的出发点和落脚点。成立"爱心基金会"，村民每月15日自愿捐款，用以救助危难村民。从1986年开始，实施村民退休制度，定期组织老人外出旅游，逢年过节发慰问品。1994年开始实施养老保险制度，为适龄村民办理社会养老保险。利用学费、养老费、丧葬费等各项补贴改善民生。利用村镇改造、加装外挂电梯、社区面貌改造提升等工作改善人居环境，提升全体村民幸福指数。利用村卫生室、医养康养中心全面提升社区卫生服务和养老服务水平，确保病有所医、老有所养。

二、预防为主，确保基层治理制度化

凡事着眼于群众最关心、最关注问题，想群众之所想，急群众之所急，规范矛盾调处制度化，打造基层治理模块化队伍。

（一）治理标准化，队伍模块化

严格选配楼长、单元长队伍，负责协调日常邻里交流、楼道文化打造、环境卫生整理等工作。全面宣传打造"尚德志愿队"品牌，将村中退休老人

组织起来，义务劳动，志愿巡逻，传承家风，用尚德精神感化村民。利用大数据以及监控系统全覆盖、人脸识别门禁系统等打造智慧化社区。

（二）预防平台化，调处制度化

一是打造矛盾排查五级信息平台，充分发挥每个村民作用。

二是形成矛盾纠纷快速处置制度，确保矛盾纠纷在第一时间化解，做到"小事不出楼、大事不出村"。

三、强化担当，确保基层治理责任化

西高庄村不断增强党员干部担当意识，创新思维，开阔思路，不断提升基层治理水平。

一是在加强组织建设上着力，建设一支为民造福骨干队伍。一切工作都坚持党建引领，坚持把村民满意作为整个工作出发点和落脚点，凡涉及重大问题，全部提交村民代表会议和村民会议讨论。

二是在密切干群关系上着眼，打造一方风清气爽政治生态。"两委"干部时时处处带头执行各项规章制度，《目标管理责任书》、民主评议、《村干部廉洁奉公、勤政为民行为手册》时时公开，在历届村"两委"换届时，村干部均全部连选连任。

三是在搞好民生保障上着手，发展一批潜力无限集体企业。自1986年开始村干部带头转变经济发展方式，致力发展村办集体企业，带领村民走共同富裕道路，30多年来西高庄集体经济已经插上了腾飞的翅膀。

保定市徐水区高林村镇麒麟店村

由"规则治理"向"价值引领"转变

编者按： 高林村镇麒麟店村以加强基层党建为统领，充分发挥村"两委"班子领导作用，引导广大村民实现由治理"对象"向治理"主体"转变；由"规则治理"向"价值引领"转变，以建设平安法治麒麟店为目标，扎实开展法律进村和依法治村示范创建，通过正能量宣传和各类典型培树等方式，引导村民践行和弘扬社会主义核心价值观。

徐水区高林村镇麒麟店村位于保定市徐水区北部，全村488户1412人。近年来，高林村镇麒麟店村党支部书记带领村"两委"班子，讲政治、顾大局、讲团结、谋发展，基层战斗堡垒作用发挥突出。在徐水区委区政府和高林村镇党委镇政府领导下，坚持贯彻"我们不是官，而是为村民办事的管家"执政理念，以村民满意为服务宗旨，推动自治、法治、德治"三治"融合发展，着力在由"规则治理"向"价值引领"转变方面做文章，不断提升乡村治理体系和治理能力现代化水平，为打造全省乃至全国有一定影响力的"三治"融合样板示范村积极创造条件。

一、强化规则意识，倡树文明新风

麒麟店村把引导村民自我教育、自我管理作为实现村民自治、提高乡村治理水平的关键，从革除传统陋习、倡树文明新风抓起，在破旧立新中树立新规矩、凝聚新共识。麒麟店村曾是红白喜事互相攀比、铺张浪费

"重灾区"，因为大操大办导致的利益分配不均、家庭不和、举债负债等问题影响了全村和谐稳定。广大村民想改变这一现状却苦于没有对策。如何通过村民自治手段，改变传统陈规陋习，成为摆在村"两委"干部面前一个重大考题。在广泛调研、多次组织召开"两委"干部会、党员会和村民代表会基础上，2004年，村"两委"把白事简办作为一项重要村规民约在全村推广执行，提出"活着不亏心，死了不折腾"口号，倡导厚养薄葬，不允许大棺材套小棺材，提出同村乡亲只帮忙不随礼，并细化办事流程，对请客吃饭桌数、涉及人员人数、饭菜标准等内容制定统一标准。为把这一规则落到实处，该村"两委"干部和红白理事会成员坚持从自身做起，带头践行制度规则。2016年以来，村里办白事一切从简，一律按村规执行，村民负担大大减轻。受益村民们也在自我教育实践中主动摒弃更多传统陋习，办白事过程中传统的披麻戴孝已被佩戴白花取代，逝者90%以上都被火化处理。此外，村民还主动响应村"两委"喜事俭办号召，自觉按照移风易俗规则和村规要求对标对表。如今，麒麟店村村民办婚宴和满月酒席一改传统坐酒席习惯，改为自助餐形式，每位客人8～20元标准。

二、强化法治观念，坚决依法办事

麒麟店村把依法治村作为解决各类矛盾冲突、建设平安村的重要手段，通过健全社会矛盾调处、应急防范机制，制定《麒麟店村普法依法治村工作规划》，建立普法学校加强法律宣传等方式，不断增强村民学法、懂法、守法、用法意识，有效提升村干部依法办事和全村法治化管理水平。每年集中学习4次法治课成为村"两委"干部和党员骨干规定动作，涉及群众切身利益的常用法律法规成为村中心普法广场橱窗宣传重要内容。村里还制定了村规民约，以及《依法治村规划》《村民自治章程》并上墙公开；建成普法宣传一条街，投资15万元在村法治文化广场设立2个LED电子显示屏，长期滚动播放相关法律法规；培养48名普法宣传员，对所分包家庭进行面对面法治宣传；聘请法律顾问定期为村民上法治课，开展法律咨询，调解民事纠纷，引导广大村民以合理合法方式维护自身合法权益、理性表达利益诉求。十几年来，麒麟店村未发生一起重大刑事犯罪，无大规模群体上访，无重大安全事故，无邪教组织活动和非法集资非法传销问题，社会风气持续向好，矛盾全部化解在基层，村民的安全感和幸福感大幅提升。

三、强化道德引领，弘扬主流价值

麒麟店村把弘扬社会主义核心价值观作为凝心聚力重要途径，通过大规模多层次新闻宣传和社会宣传、开展各类典型培树等方式，进一步在全村唱响主旋律、传播正能量。通过每年组织召开党员和企业家茶话会，组织开展"徐水好人""道德模范""亲孝之家""咱身边的好乡亲""最美家庭""好儿媳"等系列评选活动，组织开展"讲诚信、懂规则、守法纪"系列精神文明创建活动，从正面引导村民价值取向和发展方向，传承和弘扬中华优秀传统文化，大力营造"诚实守信、守法守纪"的良好氛围。近年来，麒麟店村共涌现出孝老爱亲、诚实守信、见义勇为等模范党员群众30多名，多位好人和先进典型事迹被记入《功德录》和《好人档案》，两人获评"保定好人"，有百余户被徐水妇联评为美丽庭院、女能手、致富带头人。十几年来，党员累计为村里公益事业捐资180多万元，数百名困难村民得到救助。仅2020年抗击新冠肺炎疫情期间，该村干部群众就积极捐赠款物达数十万元。

"三治"融合治理体系深入实施，为麒麟店村的发展注入了前所未有生机。如今麒麟店村经济发展、产业兴旺、生活富裕，在高效农业和物流两大主导产业支撑下，全村90%以上村民加入了合作社和家庭农场，年人均收入达到2.5万元。依托美丽乡村创建，完成道路硬化、墙体改造、危房改造和饮水管道等重大民生工程建设，实现绿化、亮化、美化、净化新"四化"目标（图1），建成包括篮球场、乒乓球场、健身场所等多功能为一体的文化休闲广场，文化娱乐活动常年开展，村民精神面貌焕然一新。

图 1 麒麟店村街景

保定市涿州市东城坊镇果园村
以美丽乡村为抓手　积极推进乡村治理

编者按： 按照"产业兴旺、生态宜居、乡风文明、治理有效、生活富裕"乡村振兴战略总要求，河北省涿州市果园村以美丽乡村建设为抓手和载体，实行"农村人居环境改善＋现代农业发展"模式，依托两大资源优势，坚持一手抓产业发展，一手抓村庄建设，通过产业结构调整、培育新的经济增长点、加强城乡环境治理等方式，发展生态旅游经济，打造"生态文明"果园村，真正使乡村由内而外美起来、富起来。

一、因村制宜，充分挖掘资源优势，打造产业强村

东城坊镇果园村位于涿州西部，距市中心10千米。涿涞公路、京都高尔夫旅游大道、松兰公路穿镇而过，交通便利。全村共91户238人，党员16人，村民代表5人，党支部成员3人，村委会成员3人，教育工作者25人。村民综合素质较高，法治观念强，民风淳朴，邻里和谐，村"两委"班子团结，干群关系和谐，村情稳定，党支部凝聚力、战斗力强，村干部干事创业愿望迫切。

果园村距东城坊镇南2.5千米，距涿州市区12千米，具有两个资源优势：一是科技资源优越。北邻中国农大高科技园区，有强大农业科技力量支撑；二是自然资源禀赋优越。果园村原为二站村的一片果园，主要种植枣树、梨树。依托这两大资源优势，果园村坚持一手抓产业发展，一手抓村庄

建设。近年来，果园村在建设美丽乡村项目中不仅注重改善乡村面貌，还着眼乡村产业发展，通过产业结构调整，培育新的经济增长点，加强城乡环境治理等方式，发展生态旅游经济，打造"生态文明"果园村，真正使乡村由内而外美起来、富起来（图1）。在30亩村集体土地上不仅种植多种果树，还带动村民规划发展了70亩果树种植业，使村民的生活也越来越有奔头。如今的果园村已蜕变为"村在林中、房在树中、人在绿中"的宜居美丽乡村和产业强村。

图 1　果园村生态采摘示范基地

二、大力推进人居环境整治，打造美丽乡村标杆

果园村按照"创党建示范、谱文明新韵、建美丽乡村、建生态果园"的总体目标，以美丽乡村建设为契机，投资500余万元，铺设柏油路4080米^2，硬化大小胡同13条约7000米^2，新建一处全能式办公场所670米^2、果树艺术牌楼一座、仿古亭一座、标识一处（图2）。积极进行坡屋顶改造，红色彩钢坡屋顶全覆盖21000米^2，形成了屋顶连片、红色满园温馨景象；因地制宜推广三格式化粪池，厕所改造达到100%，让老百姓用上干净、卫生的厕所，

彻底解决了农村旱厕带来的环境异味、蚊蝇滋生、传染病多发、院容院貌差问题；引进农村庭院式污水处理设备，污水处理21户；亮化安装太阳板路灯18盏，绿化植树涵盖6个品种共566棵；落实垃圾城乡一体化管理机制，实行市场化运营，由专业公司对全村进行清扫保洁，对垃圾进行清理清运，对大街小巷的残垣断壁进行清理，开展美丽庭院创建活动，2018年被评为"保定市美丽庭院创建先进村集体"。

三、实施村"两委""班长"工程，打造坚强的战斗堡垒

强化村党组织领导，实施村"两委""班长"工程，定期开展政治思想和带头人农业科技培训，为全村各项事业发展打造坚强战斗堡垒。果园村党支部班子结构合理，年龄上梯队搭配，政治素质过硬，能

图2　果园村新风貌

够很好地发挥村"两委"领头雁和党员先锋模范作用。村里不仅新建了便民服务室、老年活动中心、党员活动室等，还为村民修建了文化广场，使村民

和城里人一样拥有属于自己的休闲活动场所。2015年果园村被评为"涿州最美村庄"，2016年被评为"省级美丽乡村"，连续多年被评为"优秀基层党支部"，2020年被确定为国家级乡村治理示范村。同时，重点围绕健全村民自治制度、增强村民法治意识，开展道德建设实践活动、推进移风易俗，壮大村级集体经济，构建平安村庄等方面进行实践探索；并结合涿州市实施的重点村庄绿化项目，增加绿化面积，重点实施环村林建设，建设游园绿地，提高绿化效果；完成村庄亮化工程改造；打造高标准环村路，完成出村连接线道路修建；提升村庄生活污水和垃圾处理能力等。

产业兴则乡村兴，环境美则农村美，通过"人居改善+产业"模式等一系列整治提升建设，如今的果园村已成为环境美、农业美、精神美、生态美的美丽乡村。

保定市涞水县三坡镇南峪村
"麻麻花开"奏乐章　共治共享绘新篇

编者按： 涞水县南峪村，以基层党建为引领，充分发挥乡村党员战斗堡垒作用，本着"绿水青山才是金山银山"思想理念，把生态资源优势变为乡村群众增收有效渠道，按照"留住乡愁，把乡村建设得更像乡村，盘活乡村资源，打造高端民宿"的理念，通过"共享"模式完善利益联结机制，激发广大群众内生动力，共建共治美丽、和谐乡村。

南峪位于涞水县三坡镇东南部，张涿高速（首都环线高速）野三坡出口处，东邻北京房山区十渡景区，西接野三坡风景名胜区，交通区位优势明显。全村由北峪、南峪、南坡、大坑4个自然村组成，山场面积2万亩，耕地面积近400亩，分为7个小组，224户671人，现有党员38名，村"两委"干部5人，2011年、2012年、2013年、2015年、2017年分别被县委授予"红旗村""先进基层党组织""红旗党组织""先进村"荣誉称号。2016年获农业部中国农村杂志社"中国美丽乡村百佳范例"称号。

在县委县政府正确领导下，南峪以党建为引领，以社会治理为抓手，以建设最美丽旅游休闲乡村为目标，本着"绿水青山才是金山银山"思想理念，把生态资源优势变为乡村群众增收有效渠道，按照"留住乡愁，把乡村建设得更像乡村，盘活乡村资源，打造高端民宿"的理念，促进共建共治共享新发展。

一、党支部当好农村治理领头雁

南峪村党支部村委会一班人"坚持四议两公开"制度，让权利公开透明，让群众明明白白；制定村规民约，"两委"干部、村民代表带头执行；成立红白理事会，全村婚丧嫁娶从简，树文明新风。在党支部的带领下，小山村发生了翻天覆地的变化，群众关心的难点问题解决了，村道边堆积垃圾不见了，村容村貌焕然一新，街道庭院整齐干净，邻里和睦。党支部精心谋划，结合区位、交通优势，聘请专家对村庄实施整体规划，确定了"以旅游脱贫为发展目标，建设美丽乡村"的工作思路，先后完成村内道路、产业路4700米，建成占地3000米²的健身广场，安装污水处理设备一套，铺设污水管道3800米、饮水管道5600米，安装太阳能路灯210盏。村庄整洁一新，村内人居环境得到明显改善。

二、村支书甘当美丽乡村织梦人

南峪村党支部书记任职二十几年来，为了全村的发展任劳任怨，兢兢业业。2011年途经南峪村的张涿高速开工，村"两委"认定这条高速路将为村内发展带来巨大转机：打造三坡镇"旅游第一村"。村领导带领村民建酒店、盖农家院，搞起乡村旅游接待游客，引领群众走向富裕。"要想吃上'旅游饭'，必须保护好生态！"首先就是要封山育林。村"两委"反复做群众思想工作，帮群众找出路，到2014年全村1万多只羊处理完毕后，彻底禁牧；2014年、2015年两年时间内带领群众植树造林1100余亩。2015年，中国扶贫基金会拟在河北省投资"中国三星美丽乡村分享村庄项目"，村支书做了大量细致扎实的准备工作，在最终评审会上以"南峪美丽乡村梦"为主题，分三部分陈述美丽乡村梦，他真诚的话语，打动了评委，南峪村如愿申请成功。面对大好的发展机遇，村支书带领"两委"班子无一天歇息，制定规划，组织项目建设，亲力亲为，任劳任怨。

三、建机制共富裕带领群众奔小康

"中国三星美丽乡村分享村庄项目"落地实施，为南峪村乡村民俗旅游产业提质升级确立了发展方向。2016年成立农宅旅游农民专业合作社，通过公平、公正、公开的方式，全体村民代表选举出7位理事、5位监事，村支部书记出任理事长（图1）。村里这些"能人"集中到合作社，与"两委"相互配合，通过"三级联动，五户联助"（第一级是理事会、监事会、村"两委"班子党员组成的互助骨干14名；第二级是通过五户联助推选出的43位互助代表；第三级是以户为单位的社员代表。其中59户贫困户103人平均分配到各骨干及互助代表组里，每名骨干党员至少带动2户贫困户）的管理体系共同管理运营合作社，学习先进理念、知识，带动全村发展，产生了良好的凝聚效果。专家团队实地考察后，建议把村民闲置多年的老旧民宅16套流转到合作社，利用项目资金和县政府扶贫资金，对其进行特色改造，打造高端民宿——"麻麻花的山坡"，2017年6～12月投入运营8套，至2018年底扩增到15套，共计营收430万元。2019年全年营收365万元。合作社的分红机制

图1　南峪村创办农宅旅游合作社

按照"一个基本，三个原则"（"一个基本"指的是全体村民共享，每人都有"人头股"；"三个原则"是"多投多得、多劳多得和帮扶贫困"的原则）的方式分配收益：产生收益中的50%用于给全体村民分红，30%用于合作社发展基金，10%用于乡村集体公共事业（垃圾分类、乡村治理）或帮扶弱势群体，最后的10%作为公益传导基金，用于帮扶其他乡村。股民凭卡分红，一般户分一份，贫困户分双份。2019年该村农民人均纯收入达到8800元。

南峪村精品民宿产生了良好的经济效益，并实现全村分红，引起了社会各界的广泛关注。南峪模式像孵化器一样，在三坡镇6个村得到复制推广，带动了全县旅游业发展。南峪村在党支部带领下，将继续以共建共治共享发展理念，加强生态保护，让天更蓝，让山更绿，让水更清，以更加崭新的姿态踏上乡村振兴新征程（图2）。

图2　南峪村让绿水青山成为金山银山

沧州市肃宁县付家佐乡西泊庄村
"糖人村"让村民生活真正"甜"起来

编者按：近几年，西泊庄村坚持以党建引领，以创建"文明乡村"和"提升人居环境"为抓手，逐步扎牢乡村治理根基，立足本村优势，致力于培育发展富民产业，探索发展集体经济，闯出一条产业强村富民推进乡村治理之路，成为肃宁县乡村治理典范。

西泊庄村隶属于沧州市肃宁县付佐乡，位于肃宁县西部，紧邻大广高速出口，共有266户968人，全村耕地面积1775亩，人均收入达到11000元。西泊庄村曾是出了名的"乱"村，近年来，在党支部带领下，不断理顺治理方式方法，逐步实现了由"乱"到"治"的转变。如今的西泊庄人居环境优美，人文气息浓厚，糖人、特色观光农业、电商等各项事业蒸蒸日上，处处充满了生机和希望。西泊庄村先后被评为国家人口和计划生育基层群众自治示范村、全国妇联基层组织示范村、全国乡村治理示范村、省级美丽乡村、省级文明村、河北省森林乡村。糖人吹塑艺术成功申报省级非物质文化遗产。

一、党建引领民主管理，促进全村稳定和谐

西泊庄村始终把夯实基层党组织建设、落实好村民自治、保村庄稳定和谐作为乡村治理重中之重。

一是注重夯实党的基层战斗堡垒，充分调动广大群众积极性、主动性和创造性，把群众对美好生活向往转化为推动乡村振兴的动力，形成乡村振兴

强大合力。

二是注重发挥党员先锋模范作用，开展党员家庭挂牌、党员重温入党誓词、党员"三定一评"承诺制等活动，激发党员积极性。党员在困难群众帮扶、矛盾纠纷调解等方面发挥积极作用。村内还涌现出一批党员志愿者，"逢五排十"义务扫大街，带动更多群众参与。

三是落实民主管理制度。实行"三议一行一监督"机制，对村级重大事务，按照村党支部提议、村"两委"商议、村代会决议、村监事会监督的程序进行，使村民各项民主权利得到落实；坚持村务公开、民主管理，落实民事民议、民事民办、民事民管，保证村民知情权、参与权、决策权、监督权，切实维护村民利益。为了有效解决农村矛盾纠纷问题，西泊庄村成立了调解会和红白理事会，充分发挥他们智囊团、调节剂的桥梁纽带作用，将各种矛盾化解在萌芽中。

二、持续改善人居环境，培树文明村风民风

西泊庄以农村人居环境整治行动为抓手，以深入推进美丽乡村示范村创建为目标，持续改善人居环境。近几年，西泊庄先后铺建水泥路4.7千米，村内胡同进行了全部硬化，改造围墙800多米，绘制内容丰富文化墙700米²，安装健身器材25套，安装路灯84盏，改造坑塘2个，实现村庄道路硬化、绿化、净化、亮化、美化。建成糖人展厅、文化广场（图1）、儿童游乐场、群众游园，安装公共WiFi，重点打造"糖人居"、文化小院、民俗小院。建污水排放系统，并全部完成双瓮式高压水冲厕所改造，全村实现了"环境美"和"生态美"。

在此过程中，党支部注重调动村民积极性，带动村民积极参与人居环境整治工作，形成"老少齐出动，维护村庄环境"氛围，村民自觉保持环境卫生。在此基础上，村"两委"还广泛开展"星级文明家庭"评选并挂牌、开展道德模范评选并大张旗鼓进行表彰、规范村规民约并在显著位置进行展示、开展群众喜闻乐见的文娱等活动，通过这些活动，弘扬了正气，倡导了新风，

全村上下形成和睦友爱、孝老敬亲文化氛围，村风民风得到根本改善。

图1　西泊庄文化活动广场

三、立足本地特色，发展强村富民产业

一是传承和发扬糖人吹塑艺术，提高社会效益和市场化价值。西泊庄是著名的"糖人村"，糖人吹塑艺术已成功申报为省级非物质文化遗产（图2）。近几年来经过持续加大力度保护、挖掘、培养，西泊庄村糖人文化具备了产业发展条件。西泊庄将糖人艺术传人重新组织起来，成立了糖人文化公司，组建了糖人艺术团，着力发展规模演出、产品研发、精美模具制作、后备人才培养等项目，带动全村100余人增收致富。在易县太行水镇联合举办"糖人文化艺术节"，"肃宁吹糖人"常年入驻太行水镇景区，将

图2　省级非物质文化遗产糖人吹塑艺术

西泊庄糖人文化发扬光大。村内还建起了"糖人居""文化小院"，为本村推进文化旅游奠定良好基础。

二是大力发展特色休闲观光农业项目，着力培育集体经济。利用独特区位优势，围绕丰富乡村旅游资源，发展特色产业，增加集体收入，西泊庄村在2019年成立集体经济合作社，并建成了102亩牡丹芍药园，100亩采摘园，目前处于建设期，建成后预计在2021年实现盈利（图3）。

图3　西泊庄牡丹花游园

届时，借用牡丹花期，举办牡丹节和牡丹花会，以花为媒，以休闲农业观光带动旅游业发展、以旅游开发拉动当地糖人吹塑工艺、餐饮业等相关产业可持续生态发展，同时增加集体收入，解决当地及周边农村部分富余劳动力就业问题。

三是立足当前西泊庄电商基础，培育扶持电商发展，打造"淘宝村"。西泊庄目前有淘宝店铺20余家，处于初级发展阶段。村内看好电商发展前景、从事电商意愿的年轻人为数不少，村"两委"敏锐地察觉到本村新兴产业的兴起，下大力气争取政府扶持和帮助，培育新兴产业，促进就业和村民增收，目前已取得显著成果，正在争创2020年"淘宝村"。

一路汗水一路歌，西泊庄村在乡村振兴、村庄治理中，因地制宜，内外兼修，走出了一条符合本村实际的发展之路。全村党员干部正以"只争朝夕，不负韶华"的实干姿态，推动乡村治理向更高质量发展。

沧州市青县马厂镇东姚庄村
党建引领 筑牢乡村治理根基

编者按：近年来，马厂镇东姚庄村始终践行"党建统领指方向，发展经济富村民，建设村庄惠民生"理念，通过干群的合力奋战，脏乱差变成美丽风景，经济薄弱转成产业优良，软弱涣散变为服务最强，逐步实现由村富向民富转变，不断将村庄发展推向前进。

马厂镇东姚庄现有居民635户，总人口2230人，党员74人，代表37人，耕地面积5104亩（图1）。多年来，该村在村"两委"班子领导下，以全体村民生活幸福为出发点和落脚点，通过干群合力奋战，脏乱差变成美丽风景，经济薄弱转成产业优良，软弱涣散变为服务最强，逐步实现由村富向民

图1 东姚庄村入村牌坊

富转变，不断将村庄发展推向前进。该村2002年被省委省政府命名为"文化工程示范村"，2004年被评为省级文明生态村，2005年被国家文明委确定为"创建文明村镇先进单位"，2009年被评为市级文明村。2012—2015年先后被评为县级村庄治理先进村、全省百强"美丽乡村"、市级文明村、市级基层党建工作示范点，2017年被评为省级文明村和全国文明村。

一、建强班子，带好队伍，为村庄发展建设提供强有力的政治保障

一是加强"两委"班子建设。在工作中，党支部在统领全局的同时，注重工作方式方法，健全制度，分工明确，责任到人，不断增强班子向心力和凝聚力（图2）。

图2　村书记姚殿贞主持召开村民代表会议

二是加强党员队伍建设。不断加强党员队伍建设和教育管理，优化党员队伍结构，提升党员队伍综合素质。近年来新发展党员10余人。党员队伍老、中、青三代结构合理，先进性突出。

三是坚持村务公开透明。在村务工作中严格执行"四议四办三公开"民主新机制，坚持党支部、村委会酝酿，党员大会讨论，村民代表会议决策的程序，使各项村务工作既能按照党的意图顺利推进又能符合村情民情，得到大多数群众拥护。

四是坚持发挥党员代表作用。村庄建设、治安管理、矛盾排查等工作中注重发挥党员先锋模范作用，以先进带后进方式，让广大群众积极参与到村庄建设工作中，形成村班子领导、党员、村民代表带头示范，群众积极参与的工作机制，使各项村务能够及时有效顺利开展。

五是坚持培树道德模范建设良好村风。在道德建设上，该村通过民主评议方式树立孝敬模范、教子模范等一批典型，在电视台和村公开栏进行大力宣传，积极倡导正能量，树立良好村风民风。

二、转变思路，用活资源，逐步由村富向民富转变

一是发展经济强村富民。该村原有集体砖瓦厂一座，多年来积累了一定集体财力，为村庄发展建设提供强有力的财力支持。村富不代表民富，"两委"班子确定了"扶持本地企业，引进外部企业"发展思路。几年来在104国道两侧规划了工业发展带，扶持了河北智鼎、大顺机箱、胜利弹簧、化妆毛刷、车床加工等120多家中小企业，吸纳本村劳动力1100多人，增加了村民收入。2018年人均收入达到1.8万元。

二是盘活资产实施开发。2020年初，东姚庄村积极响应上级坚持"可持续发展"精神，主动取缔了占地1000亩地的砖瓦厂，联合县镇引进了投资项目，为未来村庄发展提供更大空间。

三是发展生态农业增加农业效益。2019年在土地确权基础上，完成了5000亩土地流转，使承包地由分散种植向集中经营转变。将流转土地重新发包给种植大户。目前已经种植绿化树木5000亩25万株，并对外承包发展林间种植业，增强农业效益。

三、开展农村面貌改造提升，完善硬件建设，打造"整洁、文明、优美"的新农村

自开展村庄环境整治和农村面貌改造提升行动以来，村班子先后谋划并启动了多项民生工程建设，使村庄整体面貌焕然一新。

一是率先突破完成农村环境整治。在村庄环境整治工作中完成全村12条街道2400多个柴草堆的清理。2019年投资100万元购置了移动式垃圾箱130个、钩臂式垃圾清运车1辆和垃圾集中处理中转站1座。在全镇第一个实现村内无柴草、垃圾一体化治理目标，建立了11人保洁队，定期负责全村街道清扫，垃圾清运，打造了整洁卫生的村庄环境。

二是集中力量改善民生靓丽村庄。在村庄建设方面，全村已完成4期15栋居民楼建设，能容纳380余户入住；投入380余万元，修建全村12条街道及环村路36000米^2；投入38万元，翻建占地8000米^{2}中心广场，建成集思想教育、文化休闲、体育健身于一体的高标准综合性文化广场；投入110万元，修建杂物隔离墙100个、公厕24个、水冲式厕所360个。全村更新安装太阳能路灯460盏；投资500万元新建小学、幼儿园、养老院，正在实现少有所学、老有所养；投资38万元在广场中心矗立汉白玉毛泽东主席雕像一座（图3）；2017年在煤改气工作中，率先完成改造任务。2019年投资200多万元对全村12条街道排水沟进行了暗管排放改造1.2万米，道路两侧铺装彩色面包砖1.3万米^2，农户墙外至街道水泥地面硬化2万米^2。

图3　东姚庄村中心广场毛主席塑像

沧州市沧县崔尔庄镇老庄子村
以提高村民生活环境为抓手　推进乡村治理

编者按：近年来，老庄子村坚持以党建为引领，提高党支部的领导力、组织力、战斗力和权威性，积极打造优美的人居环境，大力推进硬化、亮化、绿化、美化工程，为村民提供丰富的休闲娱乐生活，不断壮大集体经济，结合德治和法治加强村民自治，深入推进乡村治理。

一、基本情况

老庄子村位于崔尔庄镇政府驻地以北2千米处，东傍朱家运粮河，杜崔公路穿村而过，现有人口207户818人，耕地990亩，耕地大部分用来种植枣树，特产金丝小枣，党员29名，村"两委"成员5名。2016年被评为省级美丽乡村精品村，2019年被市政府确定为"沧州金丝小枣品质恢复提升基地"，2019年底被评为全国乡村治理示范村，2020年2月被列为河北省乡村治理体系建设试点示范村。

老庄子村坚持以习近平新时代中国特色社会主义思想为指导，全面贯彻落实党中央和省委省政府决策部署，按照实施乡村振兴战略的总体要求，以保障和改善农村民生、促进农村和谐稳定为根本目标，以完善乡村治理体系、提升治理能力为主攻方向，以活动创建、制度创新为重要抓手，健全党组织领导的自治、法治、德治相结合的乡村治理体系，加快构建共建共治共享的社会治理格局。

二、主要做法

（一）夯实党建工作，提高党支部领导力

一是加强党的政治建设，深入贯彻《中共中央关于加强党的政治建设的意见》，认真学习习近平新时代中国特色社会主义思想，推动党员干部树牢"四个意识"、坚定"四个自信"、做到"两个维护"，确保全村党员干部思想统一、意志统一、步调一致。

二是加强村党支部班子建设。村党支部书记兼任村委会主任，村"两委"班子分工明确、结构合理、团结合作，班子成员互相信任、互相支持，坚持民主集中制，遇事沟通协商，形成和谐共处、团结奋斗、干事创业的良好局面。

三是加强党员队伍管理。优化党员队伍结构，持续在优秀青年农民和致富能手中培养、发展党员，每年至少确定2名入党积极分子重点培养，经常开展党内组织生活，坚持"三会一课"、组织生活会、主题党日等活动，为无职党员设岗定责，强化对党员的教育、管理和监督（图1）。

四是大力发展集体经济。2019年率先完成清产核资，由村党支部书记兼任村级集体经济组织负责人，通过党支部领办成立集体"经济股份制合作社"，采取"党支部+合作社+龙头企业"的发展模式，继续深化与北京科学技术研究院北京辐射中心的战略合作，建立博士工作站，依托科技支撑，延长

图1　老庄子村党员举行升国旗、重温入党誓词活动

产业链条，不断提高金丝小枣品质。

（二）坚持结合德治、法治，加强村民自治

一是推进道德建设。广泛开展道德建设实践活动，以培育和践行社会主义核心价值观为根本，开展道德建设实践活动、推进移风易俗。深化群众性精神文明创建活动，广泛开展志愿服务等道德建设实践活动，健全完善红白理事会，推进乡村移风易俗，禁止红白喜事大操大办，倡树文明新风。对好婆婆、好儿媳、爱心人士等道德模范通过大喇叭、微信群进行宣传表彰，每年坚持对优秀学生进行物质奖励，对不道德、不文明行为进行批评、劝阻，建立崇德向善的激励约束机制。

二是强化法治宣传。每年结合"法律进农村"活动大力开展法治宣传教育，积极组织群众性法律法规宣传活动，开展法治讲座，印发宣传材料，重点抓好国家安全日、国家宪法日等重要节点的宣传活动。村"两委"成员每季度定期学习法律知识，并将法律知识列为党课学习内容，带头尊法学法守法用法。聘请一位法律顾问，不断丰富村民学法、用法渠道，逐步形成浓厚法治氛围。

三是推进村民自治。健全村民自治制度，成立了村务监督委员会、村妇联、村团支部等村级配套组织，完善相关村规民约，丰富村民议事形式，充分利用农村大喇叭进行宣传、公开，切实发挥村务监督委员会作用，严格按照"四议两公开"依法规范决策议事，及时公开村务、党务等事项，弘扬公序良俗，多措并举有效调动村民参与自治的积极性，增强群众性自治组织开展协商、服务居民的能力，促进自治、法治、德治有机结合。

（三）改善人居环境，建设"美丽乡村"

进一步加强村庄硬化、美化、净化、绿化、亮化建设，根据实际地形打造游园、花园、草坪，建造冲水式公共厕所，加大环境卫生治理力度，打造整洁美观村容村貌，改善村民人居环境，提升村民幸福指数。全村完成改厕181户，村内、村外道路硬化7000多米，种植各类灌木、苗木500余株，草坪、花园1315米^2，路灯41杆，冲水式公共厕所3个，小桥流水景观1处

（图2）。为村民提供休闲娱乐场所，优美的生活环境。

图2　老庄子村将污水沟改造成小桥流水景观

（四）建设平安村庄，保障社会安定有序

一是加强村庄治安防控体系建设。 设置村治保主任和民兵连长，组建村治安巡防队，在村"两委"带领下开展治安巡防、隐患排查、矛盾排调、案事件防范等工作。完善"网格化"管理，制定管理办法，因地制宜督促网格员履行基础信息采集、社情民意收集、安全隐患排查整治、矛盾纠纷排查化解、政策法律法规宣传、公共服务代办等职责任务。

二是坚持发展新时代"枫桥经验"。 选聘人民调解员，全面掌握村庄邻里关系、婚恋家庭、宅基地、经济往来等易引发刑事案件的民间纠纷和苗头性、倾向性问题，着力解决基层群众关心关注、涉及切身利益的实际问题，完善分类排查、分级防控机制，从源头上防控和减少矛盾纠纷，防止激化为"民转刑"案，做到"小事不出村、大事不出镇、矛盾不上交"。

三、取得成效

（一）乡村环境变美了

自乡村治理工作开展以来，崔尔庄镇老庄子村首先认真抓好村容村貌改善，引导村民树立文明新风，不断提高村民的幸福指数，让村民们感受到"家乡美"不是梦。走进老庄子村，一条条整洁的街道、一排排红砖瓦房以及花草树木中偶见的长条木椅，向人们彰显着近年来村里发生的巨大变化。近年来，在村"两委"班子带领下，全村党员及村民以建设美丽乡村为目标，先后铺管道1万多米，硬化公路街道7000多米，安装路灯40多盏，全村绿化面积达85%以上；修建文化广场和体育广场两个，添置体育健身器材十多件（套），改装通信电力线路5000多米，更换自来水管道设施2000多米，建村委会大队部一处，图书室、养老院、卫生室、村史馆各一处。

（二）村民素质提高了

在改善村里基础设施的同时，村"两委"班子十分注重村民素质的提高，该村定期举办"道德讲堂"，引导村民学习身边好人好事，树立崇德向善、知荣明耻的良好风尚。建立农村志愿服务组织，引导群众积极参与公益活动。成立红白理事会，健全相关制度，引导广大群众弃陋俗、树新风。不定期组织各类文化娱乐活动，丰富村民的文化娱乐生活（图3）。老庄子村村民李殿轩说，从这几年开展文明村建设以来，他们村变得越来越好了，原来

图3　修建小公园供村民休闲娱乐使用

是打架斗殴的多，现在是唱歌跳舞的多，原来是上访告状的多，现在是做好人好事的多，物质方面、精神方面都提高了一个层次。

（三）乡风文明改善了

环境美了，村风正了。文明村的创建，让村民亲身感受到村里的变化和带来的好处。老庄子村党支部副书记史学忠表示，在村民们物质生活提高的同时，也争取在精神方面让他们有所提高，从移风易俗、丧事简办着手把人们的生活习惯改变过来；村民们的业余文化活动也越来越丰富了，老庄子村广场舞队每年在上级组织的广场舞比赛中都名列前茅，并应邀参加各种表演活动，他们热情洋溢的舞蹈源于他们在"新农村"幸福、和谐、宜居的幸福生活。同时村里还定期进行文明家庭、道德模范评选，让村民们的精神生活水平再上一个新的台阶。

（四）基层党组织堡垒作用增强了

该村支部成员分工明确，各负其责，全面推进党在农村工作中的各项政策和工作任务。经过多年的不懈努力，老庄子村得到了广大村民的认可和上级领导的好评，多次荣获"基层组织建设先进村"称号。该村从以前一个破破烂烂的小村发展到今天，一步一步的变化老百姓都看在眼里，记在心里。村"两委"班子表示，他们将继续加大创建力度，不断提升村民的幸福指数，让村民感受到"美丽乡村"不是梦。

沧州市献县河城街镇小屯村乡村治理纪实
"四治"一体谱新章

编者按：小屯村充分发挥党总支的指挥引领和共产党员的先锋模范作用，"两个文明"一起抓、两手硬，在提升村民生活富裕水平的同时，通过德治、法治、自治、共治，四千人共建一个家，先后被评为全国先进基层党组织、文明村镇和民主法治示范村。

小屯村位于献县县城东5千米处，全村总面积6400亩，其中耕地面积4800亩，辖10个生产小组，1400户4200人。拥有建材加工企业32家，遍布全国50多个大中城市的建材租赁公司150家，村民人均纯收入3.7万元。多年来，该村在村党总支、村委会的带领下，党员干部带头，依法依章办事，民主协商监督，村民共同参与，取得了物质文明和精神文明建设双丰收。

一、德治引新路

一是头雁领。村党总支书记贾培山现已任职44年，是全省基层党建先进个人，他的信仰就是"党把村子交给我，我就要让村民过上幸福日子"。多年来，他带领"两委"班子与华西村、大寨结对子，殚精竭虑求发展，不断提高村民富裕水平。自土地承包责任制以来，已历经高效农业（果树、养鸡）、乡镇企业（玛钢扣件）、第三产业（租赁公司）三个发展阶段，进入到文化旅游高科技产业第四个发展阶段。2010年，他率领富裕起来的村民，"百辆奥迪逛县城"，展现了新时代农村人的风采。多年工作实践中，他始终秉持"全村为公"，为村民安居乐业、风清气正做出了表率。

二是党员带。每年正月初五，村党总支都召开党员述职评议大会，每个党员一年来的思想、行动、兴办的好事实事都拿出来向全体村民"亮账本"。党员张文远捐资450万元为村民修建了养老院，他说："这些年做生意挣了些钱，为自己挣钱是小生意，为全村挣钱才是大生意。在为人民服务的路上，我要让我的身体等一等我的灵魂。"近年来，全村党员先后捐款2500多万元，兴建了道路、饮水、学校、医疗、养老等各种公益服务设施，以无私的奉献精神为村民树立了榜样。

三是富户帮。为共同富裕、共奔小康，"两委"班子倡议、党员干部带头，"两带两帮"结对子，不让一户因灾、因病贫困村民掉队。村民王秀峰父亡母改嫁，靠放羊为生，村百事达铝模科技有限公司主动上门，招收其到企业务工并重点培养，现已成为企业分公司经理。本村企业、租赁公司先后招收本村全劳力、半劳力工人88人，每年支付工资300多万元，37个贫困家庭过上了富裕生活。此外，村"两委"成立了"扶贫基金会"，通过安排公益岗位、五保低保、临时救助、养老院收纳等，让每一个失去劳动能力的村民都老有所养，全村没有一户掉队。

二、法治优秩序

一是一户一张明白纸。村"两委"主持、全体村民讨论，制定了《小屯村村规民约》，共分七章二十九条，内容涵盖土地、建房、卫生环境、公共设施、社会秩序、村风民俗、产业发展七项管理措施，并提炼形成了小屯村本村特色的"八荣八耻"，成为全体村民的行为规范。

二是一户一个明白人。村"两委"通过大喇叭、公开栏、小册子、微信群、培训会（班）等形式和渠道，广泛宣传党的农村政策和法律法规知识，每户至少培养一个"明白人"，人人学法，户户知法，依法按政策办事，村民整体素质明显提高。

三是一户一个专业律师。2001年，村"两委"与县司法局、林风律师事务所签订协议，开展了"律师进家庭"活动，每户都与律师签订了服务协议（图1）。20年来，帮助村民进行法律援助调解矛盾纠纷130多件。做到村民和谐、贫富和谐、干群和谐、政治稳定、群众安居乐业，达到案件少、秩序好、群众满意的目标，促进全村的经济建设和精神文明建设的快速发展，全村连续30多年无刑事案件和越级集体访、个人访。

图1　司法部门、律师进村入户上门服务

三、自治保民主

一是健全组织机构。村设党总支1个、党支部3个，党员134名。村委会1个，村民小组10个。严格按照程序开展换届选举，并依法选举产生了村民代表及村监事会，健全了治保会、调委会、计划生育、妇委会、公共卫生、道德评议委员会、红白理事会等村民自治组织，这些组织找准定位，充分发挥了各自的职能作用。

二是完善运行机制。认真落实"四议一行一监督三公开"制度。凡是涉及村民切身利益的重要事情和村民共同关心的热点问题，比如重大项目工程、集体资产、资源对外承包、承租、大额资金支付、低保、扶贫救助等惠民政策享受对象的评议确定等事宜都严格按照该程序组织实施。经村民代表会议表决通过的事项首先在村务公开栏、电子屏公开，其次将决策事项报镇党委政府审核备案，最后交由村委会组织实施。村委会实施过程中，村监事会全程参与监督，决策事项实施结束后村"两委"组织村民代表会议，对实施效果进行满意度测评。群众满意度未达到80%的，"两委"要制定整改方案，及时进行整改完善，确保决策效果符合群众要求，全过程通过公开栏定期公开、阅览室长期公开、大喇叭（网络微信）适时公开。

四、共治全动员

一是与部门联合共建。近年来，该村"两委"班子在县、乡党委、政府领导下，与部门开展了多项联合共建行动。如组织部门的基层党建、宣传部门的文明单位、政法部门的平安乡村、农业农村部门的美丽乡村、妇联的美丽庭院、环保部门的生态文明、住建部门的环境卫生整治、应急部门的安全生产、文广部门的旅游示范、金融部门的诚信经营等，成为部门推动工作的"试验田"和排头兵，有力地促进了该村经济发展和综合治理水平的提高（图2）。

图2　小屯村委会荣誉墙

二是全员组织参与。该村连续多年开展了"十星级文明户"和"感动小屯十佳人物""小屯好人"评选活动，并大张旗鼓表彰奖励，唱响"一个党员亮一片，一个好人亮一家""一颗星，一面旗，文明不文明，数数星和旗"。老党员孙福如二十年如一日义务清扫卫生、70多户轮养一个孤寡老人等，典型人事层出不穷。通过全员参与，全村形成了崇善向德、平安和谐、风清气正的良好村风与民风。在一些难度较大的计划生育、移风易俗等工作中，该村已跨入全国先进行列。自1975年以来，该村已连续40多年无一例土葬，仅此一项，就节约耕地120亩。

衡水市阜城县阜城镇冯塔头村

深入实施乡村振兴战略　推动治理体系全面升级

编者按：实施乡村振兴战略是推进新时代农村治理体系和治理能力现代化的重要抓手，近年来，冯塔头村深入学习贯彻落实习近平总书记有关"乡村振兴"战略部署，扎实推进乡村治理体系建设，在工作中逐步形成了"自治、法治、德治'三治'融合＋宪法高地"的基层社会治理体系。

阜城县阜城镇冯塔头村位于阜城县城西南 3 千米，现有人口 109 户 460 人，耕地 1150 亩。近年来，村"两委"聚焦"产业兴旺、生态宜居、乡风文明、治理有效、生活富裕"的目标，统筹推进全村各项事业发展，群众获得感、幸福感、安全感明显提升，乡村治理方面取得明显成效。

一、筑牢政治的"压舱石"，打造强有力的领导班子

（一）打牢"学"这个基础

村"两委"班子带头坚持学习习近平新时代中国特色社会主义思想，并把加强学习、完善制度、强化作用作为推进规范化建设的重要任务，促使党员干部以习近平新时代中国特色社会主义思想武装头脑、指导实践、推进工作，激发新农村各项事业蓬勃开展，美丽乡村建设不断深入，乡村振兴战略扎实实施。

（二）突出"做"这个关键

村"两委"以政治合格、执行纪律合格、品德合格、发挥作用合格"四

个合格"要求为标准，坚持知行合一、对标达标，制定了村规民约，不扣不扣地贯彻落实，村内事务事事有人管，事事有人抓，不断突出村"两委"战斗堡垒作用，实行轮流值班制，提升为民服务水平，通过严格落实基层党建软

图1　党群服务中心

件硬件"双十"标准，在全县率先打造成党建示范村（图1）。

（三）把握"常"这个常态

村"两委"严格执行"三会一课"等党内生活制度，坚持领导带头，力争认识高一层、学习深一步、实践先一着、剖析解决问题好一筹。定期对村干部进行评议，村委会定期向村民会议报告工作，定期公开财务、村务、党务等，一切事务均实现阳光操作，坚持抓在日常、严在经常。

二、掌握方法的"金钥匙"，构建全方位的治理体系

（一）打造弘扬宪法精神高地

近年来，冯塔头村"两委"围绕"尊崇宪法、学习宪法、遵守宪法、维护宪法、运用宪法"这一主题，充分运用塔头山的区位优势，将塔头山打造成集政治性、普法性、可看性、教育性于一体的宪法新高地，彰显出宪法在法律体系中的核心作用、在人们心中的神圣地位。在每年的国家宪法日，组织村内党员群众学习宪法，并在塔头山上举行宪法宣誓活动，对干部群众实施宪法教育，确保宪法精神和规则入脑入心，烘托尊重宪法、宪法至上的社会氛围。

（二）发挥基层群众自治主导

为充分发挥自治在群众中的主导作用，冯塔头村通过制定并严格实施村

规民约和自治章程，来提高村民的自律、自治和自我保护能力。自治章程规定村内每月召开一次民情沟通会，每10户选派一名代表参加会议，商讨村内具体事务，重大项目建设、低保、五保等均需公开商议投票通过，会议结果在村务公开栏及时进行公示，会议充分尊重村民话语权，真正激发村民参与乡村治理的积极性。

（三）发挥法治基层保障

在村内建成法治长廊，宣传内容图文并茂，通俗易懂，通过打造法治阵地，过去说教式、灌输式普法方式向文化熏陶、感性共鸣、理性思考、自觉接受等新方式进行转变，形成了浓厚的法治宣传氛围，让群众在生活、娱乐和休闲中受到法治熏陶、接受法治教育，真正让法治融入群众生活、进驻群众心里。

另外通过整合成立了村综合治理中心，用于调配人员、开展法律讲座、提供法律服务等；建立健全村人民调解委员会，委派5名德高望重的老党员为调解员，及时调处化解群众之间的矛盾纠纷；成立治安巡防队，在村内开展日常巡逻，发现问题及时化解；聘请阜城连上律师事务所律师每周轮流坐班，及时为群众提供法律咨询服务；在村内安装高清摄像头，并实时上传到镇综治中心，全村无死角全覆盖。

（四）发挥德治示范引领

冯塔头村以"加强法治宣传教育，推进法治乡村建设"为中心，以提升群众法治意识为重点，将民主法治乡村建设与寻找最美家庭、创建文明县城等工作相结合，充分挖掘内化于心、外化于行的新乡贤文化，深化了创建内涵，建成了德治文化广场。广场周围张贴了村内评选出的文明户、五好家庭、美丽庭院等先进人物和乡村振兴、法治教育、社会主义核心价值观宣传画。通过开展村级道德评议、文明家庭、十星文明户、美丽家庭评选，发动村民挖掘当地好人好事，对不文明现象进行评议，以道德评议和社会舆论的力量革除陋习、改进民风、推进法治。

三、完善制度的"编织网"，形成全覆盖的保障体系

（一）完善各项民主制度

完善了民主选举、民主决策、民主管理、民主监督和村务公开、财务公开等各项规章制度，并严格抓好落实，进一步提高村民们自我教育、自我管理、自我服务意识和水平，制定了《冯塔头村村规民约》《冯塔头村红白理事会工作制度》《"最美家庭"示范户评比办法》《"美丽庭院"示范户评比办法》等。

（二）落实产业发展制度

为了改变村里仅种植小麦、玉米的单一种植模式，通过外出参观学习、邀请专家实地论证、召开村民代表座谈会议，村"两委"班子决定把发展密植梨当做一项致富产业来抓，带动农民发展高效农业，成立了富源梨果专业合作社，精心谋划了占地1560亩的"千亩梨园"建设工程，村民将土地入股合作社，种植苗木18余万株，今年亩产收益3000元。在大力发展种植业的同时，积极发展光伏发电项目，将6亩闲置土地进行整理平整，租赁给光伏发电企业，建设600千瓦联村光伏发电站，收取土地租金，村集体收入每年增加2万元以上。

（三）落实后续帮扶制度

该村于2017年脱贫出列，2018年底建档立卡贫困户7户16人，脱贫享受政策6户11人。具体工作如下：

一是由村集体承担贫困户的密植梨园前期投入；

二是优先安排有劳动能力的贫困户在农业园区务工；

三是社保兜底，对符合政策的贫困户应保尽保；

四是及时救助，通过雨露计划、教育援助、医疗救助，确保后续帮扶全覆盖。

衡水市阜城县霞口镇刘老人村
解析乡村治理的密码

编者按： 乡村振兴战略是党的十九大提出的一项重大战略，是关系全面建设社会主义现代化国家的全局性、历史性任务，是新时代"三农"工作总抓手。面对如何实现农业强、农村美、农民富的振兴目标这一问题，刘老人村给出了自己的解答方案。

阜城县刘老人村位于阜城县域东部，紧邻京杭大运河，全村共有420户1425人，耕地面积3750亩。近年来，刘老人村认真贯彻落实乡村振兴战略，大力推进乡村治理，群众生活明显提升，村风民风进一步好转，先后被评为全国文明村、全国造林绿化千佳村、省级特色产业发展先进村、省级美丽乡村精品村，成为远近闻名的文明村、富裕村。梳理刘老人村乡村治理密码，主要有以下几点。

一、以壮大集体经济为主导，做强乡村治理的支撑

刘老人村在发展过程中，始终注重发展壮大集体经济，增加集体收入，"家底"越过越厚，为推进乡村治理提供了有力支撑。

一是多条渠道"挣钱"。 总结刘老人村的集体增收渠道，主要有三条，即村集体机动地租金、村集市管理服务费和园区经营分成。目前，该村年集体收入达到50万元以上，集体积累已经超过100万元。

二是严格程序"管钱"。 始终坚持阳光村务，严格控制财务收支。其中，5000元以下的开支，由"两委"成员共同签字审批；对5000元以上的开支，

须经村"两委"、民主理财小组成员研究后，召开党员会、群众代表会或村民大会研究通过后，方可开支（图1）。

图1 刘连山同村民代表开会

三是聚焦实事"花钱"。着眼于让群众生活得更加舒适，为村里修建公路10多千米，建成文化广场、梨文化博物馆、村史馆等一批重点工程，全面完成了改水、改厕等民居改造。全村60岁以上的老人每年上缴的农村合作医疗费由村集体负担；对75岁以上老人，村集体每月还要发放专门敬老金；逢年过节还要专门给村里的老人赠送礼品等。

二、以文化建设为灵魂，突出乡村治理的内涵

该村结合社会主义核心价值观，着力加强文化建设，让讲孝道、睦亲邻、守诚信成为群众的行为自觉，培育形成了良好的村风民风。

一是坚持以生态文化建村。大力发展观光旅游业，以古梨园为核心，深入挖掘本村乡土文化、运河文化和梨文化，精心规划建设了百年梨园景区，打造了八景十园二十七处景点，使刘老人村由原来的单一农业村，变成了"春赏梨花千顷雪，夏听野雉伴涛鸣，秋尝脆梨观红叶，冬览虬枝挂雾凇"

生态优美、文化深厚的休闲旅游名村，带动了经济的新跨越（图2）。

图2　阜城县第一届梨花节

二是坚持以仁德文化和村。坚持从"孝"字上入手，在"和"字上做文章，深入开展好媳妇、好婆婆、好妯娌、好家庭、好邻居为主要内容的敬老睦邻"五好家庭"评选活动，形成了良好风尚。针对红白事大操大办的问题，该村制定了村规民约，大力弘扬厚养薄葬、红白事简办的风气，明确规定丧事不超过一天、不雇鼓乐、不穿白，喜事宴席不超过10桌、村民礼金不超过100元。据测算，推行红白事简办，每次能够为群众减少费用1万元左右，同时还能节省大量人力物力。目前，该村天价彩礼、婚丧事大操大办、互相攀比现象已经绝迹，大家把精力、财力用在孝敬老人、发展经济上，全村呈现出家庭和、邻里和、全村和的良好氛围。

三是坚持以现代文化兴村。该村把诚信包容、开放进取的现代文化作为重点，着力为群众上好"三堂课"，办好"两张榜"。"三堂课"即法制课、道德课和文化课，不断提高群众法制意识和道德观念；"两张榜"即红黑榜，对助人为乐等各种好人好事及时上红榜公开表彰，对欺负外地人等不良行为及时在黑榜上揭批曝光，树立了鲜明导向。

三、以加强村班子建设为根本，强化乡村治理的保障

刘老人村历任"两委"班子始终注重加强自身建设，按规矩办事，用心为群众服务，赢得了群众信任和支持。

一是讲带头。该村"两委"干部表率意识强，凡是大事、难事都要带头上，做给群众看、带着群众干。2012年，村里组建合作社，动员群众流转土地，面对部分群众的抵触情绪，村"两委"干部带头把自己的土地流转出去，形成"干部带头干、影响一大片"的良好局面。

二是讲规矩。刘老人村的干部把纪律看得比什么都重，凡事都要守纪律、按规矩办。2012年，该村制定村规民约，决定推行红白事简办。就在这一年，村支书刘连山的父亲去世，大家都等着看他怎么办。出乎一些人的预料，刘连山严格按照村规民约的规定，一天之内就办完了丧事。群众看在眼里，服在心里，跟在行动上，红白事简办也顺利推行开来。

三是讲廉洁。把公开作为防范不廉洁问题的主要举措，坚持定期公开村务，接受群众监督。同时，村"两委"班子始终坚持每天议事制度，每天清晨天刚放亮，班子成员就在"两委"办公室集合，商议一天该办的事情。群众有事时，也在这个时间直接找村干部公开讲，公开办，干部不拿群众一分钱、不抽群众一支烟、不吃群众一顿饭。目前，这一制度已经坚持了十多年，无论是刮风下雨，还是逢年过节，即便是大年初一，也从未间断过。

四是讲奉献。把讲奉献、讲服务当做应尽的义务，自觉为群众排忧解难，办好实事。多年以来，村"两委"成员始终义务看护全村1000多个农田防渗管道出水口。在"两委"干部的带动下，全村37名党员自发认领治安巡逻、纠纷调处、植树护林等责任岗，主动为全村和谐发展服务，进一步赢得了群众的信任和拥护。

衡水市武强县北代乡南代村

坚持党建引领　打造一流善治乡村

编者按：近年来，该村党支部充分发挥基层党组织战斗堡垒作用和党员先锋模范作用，多措并举推进善治乡村建设，全村经济快速发展，村容村貌极大改善，社会治安良好。先后获得"河北美丽乡村""省级森林乡村""全国乡村治理示范村"等荣誉称号。

一、基本情况

武强县南代村位于县城西北方向，现有129户415人，其中党员22人，耕地728亩，"两委"班子成员共5名。该村依托点对焊机制造、铝合金门窗及建筑小产品加工等产业，走上了致富道路。该村以乡村治理为抓手，着力实施乡村振兴战略，在上级帮扶部门的支持下，修建了公路，硬化、绿化了街道，配置了健身设施，为群众办实事办好事，配套设置了道德讲堂、便民服务站、人民调解室、普法工作室、法律顾问工作室、公共法律服务工作站、国防书屋等，把为民办事真正落到实处。

二、主要做法和取得成效

一是党建引领促自治，激活群众主体作用。村党支部牵头召开村民代表大会，在广泛征求意见的基础上，制定《南代村村规民约》，推动村民既做执行者又做监督者，形成了"人人自觉遵守、人人相互监督"的浓厚氛围。建立村务监督委员会，选派一名辈分高、品德好、威望高的老党员担任村监事会主任，通过列席会议、实地查访等形式，对村级事务进行监督把关。按照党员干部带头、群众自愿的原则，组建矛盾纠纷调解、环境卫生维护、致富帮扶互助、农业技术指导、文化道德宣传、治安维稳巡逻6支群众工作队，在支部领导下开展工作，引导群众共建美好家园。

二是党建引领促法治，引导群众知法守法。成立由支部书记任组长的南代村法治乡村建设领导小组，积极对接乡法律服务中心，每季度为群众开展一次普法培训，每半年开展一次普法宣传活动，大力营造尊法守法浓厚氛围。建立"十户五联"机制，结合党员"1+10"联系户制度，每10户村民建立一个小组，通过支部指派与党员主动认领相结合的方式，确定一名党员担任组长，兼任人民调解员、普法宣传员、法援信息员、公共法律服务联络员，近距离向群众开展普法宣传。

三是党建引领促德治，滋养群众向善力量。发挥新乡贤文化示范引领作用，以老党员、族长、群众代表等为重点，通过支部推荐、村民代表大会表决的方式，组建10人的南代村道德讲评团。道德评议团每季度开展一次乡风文明宣讲、组织一次"南代文明之星"评选活动，以身边好人好事引导教育身边人，推动形成崇德向善的良好氛围。积极倡导移风易俗，村党支部牵头成立红白理事会，制定红白事操办标准，对酒席规模、随礼金额等做出统一规定，取消婚前请客、葬礼后聚餐等陋习。建立"移动大锅台"，筹资购置了炊具餐具，由村民组成厨师队伍，进一步减轻群众负担。

四是党建引领促发展，带动群众致富增收。立足村情实际，积极探索"党支部+村集体经济+贫困户"模式，通过支部领办合作社、发展光伏发电等多种形式，推动村集体与群众收入"双增双赢"。特别是2020年以来，村党支部利用紧靠县国家农业示范区的区位优势，确定了"发展蔬菜大棚种植"的总体思路。经多方奔走，争取县人民武装部支持资金18万元，建设现代化农业大棚4座。为打消群众顾虑，村党支部先试先行，全面负责蔬菜大棚经营管理，通过吸收困难群众入棚打工、定期组织技术培训等形式，做给群众看、带着群众干，预计每年可增加村集体收入3万～4万元，带动群众每人每年增收18000元。

邢台市内丘县侯家庄乡岗底村
党建引着走　产业发展有活力

编者按：党的十九大以来，岗底村坚持和加强党建引领作用，充分发挥党员先锋模范作用，健全基层组织体系，乡村治理内容日渐充实，产业发展活力不断增强，走出了一条生态、经济、社会三大效益协同发展致富路。

岗底，河北省内丘县太行山深处侯家庄乡的一个小山村，215户721口人。岗底遵循"产业兴旺、生态宜居、乡风文明、治理有效、生活富裕"乡村振兴总要求，走出了一条生态、经济、社会三大效益协同发展致富路。全村种有苹果3500亩，板栗、核桃等2000亩，年产干鲜果品10250多吨，2018年人均年收入4.3万元（图1）。

图1　岗底村广场一角

一、党的组织有力量

民主生活会、"三会一课"、民主评议党员、党员联系户、干部坐班等一系列制度，岗底村项项齐全，一项不落。"十个必须做到"党员标准成了大家的座右铭。

（一）定期集中学习

每周一是村干部集中学习日，每月14日为党员集中"学习日"，支部书记每月为党员讲一次党课，雷打不动。

（二）外出参观学习

每年组织党员干部外出参观学习，开阔党员视野，为党员订阅省市党报，为60周岁以上老党员进行年度体检，寓管理党员于服务之中。

（三）培养后备力量

把党员培养成科技致富带头人，把科技致富带头人培养成党员。注重把年轻有为、带富领富能力强的"双强"型干部放在村领导岗位，"双培双带"机制增强了"两委"班子和党员带领群众致富的能力。

（四）强化党的领导

探索"支部＋公司＋基地＋农户"模式，将党建与经济发展有机结合，实现支部政治优势与企业经济优势叠加互补，党建工作与经济发展互促共赢。

村党支部的一系列举措，激发了党员干部干事创业热情和党员队伍生机活力，推动了村级各项事业快速、健康发展，实现党组织对村级组织统一领导。

二、依法自治求规范

1984年，岗底村新的"两委"班子组建以来，村党支部、村委会首先编制了村规民约，修订完善内容达22大项260余小项。村规规范人，民约约束人，干群和谐，邻里相助。

（一）建立便民服务站，干部坚持坐班制

每天都有一名村干部在便民服务站值班，确定村干部为代办员，实施"为民服务全程代办制"，群众办事真正做到了小事不出村、大事不出镇。

（二）强化制度建设

相继出台了《公章管理使用制度》《财务公开制度》《四议两公开制度》等，干群对制度的敬畏，催生干群融洽共荣。

三、法治理念入人心

（一）强化法律知识宣传

岗底"新闻三分钟"每天定时广播，内容涉及国家各项法律法规、方针政策、果树管理技术、卫生宣传工作、生活常识、村内大小新闻等。

（二）接受法律下乡宣传

村"两委"协调妇联、民政、计生、人社、国土等部门开展送法进乡村活动，让《婚姻法》《妇女儿童权益保护法》等法律法规入脑入心。

（三）实施"一村一法律顾问"

法律顾问走进村里民调室，及时为群众提供法律服务，村民知法尊法守法蔚然成风。

四、文化道德树新风

（一）尊老、敬老成时尚

岗底村为60岁以上老人发放敬老金，年满60周岁不满70周岁老人每年发放300元，70周岁以上80周岁以下老人每年发放500元，80周岁以上90周岁以下老人每年发放1000元，90周岁以上百岁以下老人每年发放3000元，百岁以上老人每年发放1万元。

（二）重教育人

村民考上大专者奖励2000元，考上本科者奖励5000元，取得硕士研究生学位者奖励1万元、博士研究生学位者奖励2万元。

（三）移风易俗

婚丧嫁娶，红白理事会全程参与，引导村民婚事新办、控制规模，杜绝互相攀比、奢侈浪费。

（四）强化监督

村内重大决策事项，村级事务顾问全程参与，从而起到村干部决策前与村民充分沟通、实施中有效监督的作用。

五、产业发展添活力

"靠治山致富，靠科技兴农，靠市场增效，靠品牌兴企，靠整合腾飞"，岗底村多年探索出一条生态、经济、社会三大效益协同发展的产业之路。

（一）统一治理荒山

1984年，新班子成立时，全村8000亩山场交给农民3年之久，仍然光秃秃。原因是治山不同种地，一家一户干不了，干部一放了之"放了羊"。针对放而不治的问题，党支部收回荒山，带领群众治理10年，绿化荒山7800亩，种上苹果、板栗、核桃20多万棵，面积达5500多亩。昔日荒山变成了金山银山。

（二）把农民培养成职业农民

2008年，岗底借助邢台农校"送教下乡"活动，100名果农在家门口就读了中专。2009年，请邢台农校老师对全村208名18～55岁的农民进行职业技能培训，191名农民获得由农业部、人力资源和社会保障部联合颁发的初级、中级果树工证书。100名中专毕业的农民中，有65名读了大专、26名读了本科。时任国务委员的刘延东批示，全国农村向岗底学习；人民日报称岗底是全国第一个"持证下田"村庄。目前，岗底果农中有技师196名、高级技师5名，真正实现了苹果专家种苹果。

（三）实施品牌战略

"富岗"是全省第一家为苹果注册的商标，"富岗"品牌已成为中国驰名商标，先后获12项国家级奖项。岗底打破了苹果论筐卖的历史，开启了苹果论个儿卖新纪元，一个苹果卖到100元一个的高价。岗底依托品牌拉长产业链，先后推出富岗干果、禽蛋、杂粮等54个绿色产品。农民在产业链上富上加富。目前，富岗苹果基地已带动太行山区周围种植苹果5万多亩，辐射邢台、邯郸、承德等市14个乡镇369个行政村，优质果产量达9万吨，带动致富2万多人，每年人均增收3000元以上（图2）。

图2　产业带动村民致富、村民享受收获喜悦

（四）既要绿水青山又要金山银山

岗底党支部放眼长远，正在着手建设覆盖侯家庄全乡178千米^{2}的生态大花园，旨在带领104个自然村、35个行政村的1.5万多村民，干生态活，吃生态饭，发生态财，走生态路，端金饭碗。

邢台市沙河市桥西街道兴固村
健全党建引领　推进乡村治理

编者按： 兴固村充分发挥基层党建引领作用，不断完善队伍建设，进一步加强党对乡村治理的集中统一领导，以"文化兴村、产业旺村、旅游富村、经济强村"为目标，持续壮大集体经济，创新乡村治理新模式，走出了一条共建共治共享社会治理新路径。

兴固村位于沙河市西环路西侧，紧邻市区，交通便利，地理位置优越。全村共有村民700余户2700人口。近年来，兴固村在发展经济的同时，十分注重规范乡村治理，不断推进加强基层党组织建设和基层治理，构建自治、法治、德治相结合的现代化乡村治理体系，先后荣获邢台市"红旗村"、河北省"民主法治示范村""河北名村"、河北省"文化宣传示范村""中国特色村""全国妇联党组织示范村""全国文明村""全国乡村治理示范村"等荣誉称号（图1）。

图1　兴固村被评为全国文明村

一、坚持以党建为统领，不断完善队伍建设

一是牢固树立宗旨意识，扎根基层搞好群众服务。 兴固村班子成员认真

学习习近平总书记系列重要讲话精神，牢固树立"以人民为中心"理念，定期开展文明户评比、联组帮户、党员包户、党员挂牌亮身份亮家风家训等活动。每年春节、七一等重大节日上门慰问困难党员和困难群众100余人，并发放慰问金2万余元，不断引导广大党员干部带着感情和责任为群众办好事办实事，不断提升基层党组织履职尽责能力，进一步夯实党的执政根基。

二是完善队伍建设，坚持"四议两公开一监督"原则。兴固村领导班子注重基层党组织队伍建设，先后发展老、中、青各梯队党员83名，形成了团结干事的领导班子，持续发挥基层党组织战斗堡垒作用。对村级重大事务，坚持"四议两公开一监督"原则。经村民代表通过的事项，一律在村务公开栏上公告，并接受群众监督。决议事项在村党组织领导下，由村委会组织实施，实施结果及时向村民公布。村务监督委员会通过列席会议、受理村民意见建议、听取情况汇报，对四议两公开全方位、全过程监督。每季度定期公开财务收支、土地管理、民政救助等方面内容。

二、坚持普法宣传进万家，建设平安法治乡村

通过聘请法制宣传员、建立普法工作室、开展普法夜校、设立"法律图书角"等方式，有效发挥农家书屋在推进农村法制文化建设中的阵地作用，不断提高村民法律意识和法治素质。

一是村委会与桥西派出所、桥西法庭结对共建，设立驻村法官工作室和法律援助联系点，积极联系律师或基层法律工作者，为村民提供法律方面的帮助。截至目前，为村民提供法律援助服务30人（次）。

二是坚持治安震慑与矛盾调解相结合，打造平安乡村。为提升村民安全感，投资20余万元，在村内主要街道、居民小区、文化活动广场、小学等公共场所安装监控摄像头24处，设立监控室，配有专职人员24小时值班。2012年，成立全省首家村级巡防大队，对村内各条主要街道及出村口开展夜间巡逻，有力震慑案件发生（图2）。

三是推进乡村自治。先后成立了红白理事会、新乡贤道德评议会等群众

民主议事机构，另外，2014年在全省率先成立村民"说事室"，成功调解村民邻里之间土地纠纷、矛盾纠纷、意外事故纠纷等典型案例98起，调解成功率100%，基本实现矛盾纠纷不出村（图3）。

图2　专职巡防人员正在巡防　　　图3　村民"说事室"正在接待村民

三、坚持以文体活动为载体，建设文明村镇

近年来，兴固村坚持"以村民为中心"发展理念，认真践行社会主义核心价值观，通过开展多种形式文化宣传活动，不断加强文化阵地建设。

一是兴固村先后投资180余万元，建设了村民文化活动广场和村文化活动中心，设有宣教室、文艺室、书画室、农家书屋等，并配备宣传栏、剧场电子屏、灯光及音响设备等现代化办公设施，定期举办各类文艺晚会、健步走、拔河比赛、篮球友谊赛等文体活动，极大丰富了村民业余文化生活（图4）。

图4　兴固村不断丰富村民业余文化生活

二是践行孝道文化，弘扬中华民族传统美德，兴固村每逢初一、十五举办孝道大餐饺子宴，70岁以上老人不仅可以吃到热气腾腾的饺子，还可以免费进行身体检查和理发等。

三是通过红白理事会，积极倡导移风易俗，零彩礼结婚、丧事从简已成为兴固村新风尚。

四、因地制宜壮大村集体经济，不断加强乡村治理人才队伍建设

充分认识加强和改进乡村治理重要意义，把乡村治理工作摆在重要位置，不断加强落实村级组织运转经费保障政策和乡村治理经费。

近年来，兴固村充分发挥村情优势，积极应对困难和挑战，经济结构实现了重大突破。村"两委"多次到山东菏泽学习考察"油牡丹种植项目"。目前，油牡丹种植300余亩，解决农村就业率70%，每亩地收入达7000元，增加村集体经济收入。今后将继续扩大种植面积，力争在2020年打造"兴固牡丹村"，实现经济与观光休闲双丰收（图5）。兴固村以"文化兴村、产业带村、旅游富村、经济强村"为总体目标，大力发展交通设施新型产业，以信号灯、标线、护栏、监控等制作加工为主，做大做强交通设施支柱产业深度发展，实现有志青年全民创业，带动闲置劳动力1000余人就业，有力促进了全村个体经济水平整体提高，力争打造"交通设施专业村"，为实现经济强村又好又快发展奠定坚实基础。通过壮大村集体经济，带动村民就业，持续引导农村致富带头人、外出务工有成人员、高校毕业生、退役军人等在乡村治理中发挥积极作用。

图5　兴固牡丹园吸引大量游客前来欣赏油牡丹花

邢台市隆尧县东良镇陈庄村

"新乡贤+"模式　强化乡村治理能力

编者按：隆尧县东良镇陈庄村充分发挥村"两委"、广大党员、群众代表及各类人士示范引领作用，以乡村振兴为指导思想，以制规定矩为基础，以群贤治理为具体表现，以改善人居为最终目标，创新有效乡村治理的实现路径，构建和谐幸福陈庄村。

隆尧县东良镇陈庄村位于隆尧县东良镇南部，距隆尧县城15千米，尹大公路穿村而过，交通便利，地理区位优势明显。全村358户，总人口1695人，党员41人，现有"两委"干部5名。2015年荣获"邢台市文明村""隆尧县优秀农村党支部"，2017年荣获"河北省计划生育基层群众自治示范村""邢台市移风易俗文明乡风示范村""邢台市优秀调解委员会""隆尧县优秀党支部"，2018年荣获"隆尧县优秀农村党支部""隆尧县平安建设先进单位"等荣誉称号。陈庄村在制规定矩基础上，充分发挥乡贤力量和引领作用，采用"新乡贤+"等多种模式，以改善人居为最终目标，强化乡村治理能力，创新乡村治理的实现路径。

一、制规定矩，心齐如一

一是党组织领导有力。陈庄村"两委"班子团结协作，积极开展党建工作，村里各项工作有章可循，有制可遵。村内红白理事会、乡贤评议会等所有民间组织均已实现村党支部领导。

二是村民自治依法规范。陈庄村建立各种规范议事制度。例如乡贤评议会、道德活动中心、红白理事会、村民代表会议等，同时具有完善村务监督组织、村务监督委员会，向村民会议和村民代表会议负责并报告工作的职责。成熟的村规民约制度涉及社会治安综合治理、赡养老人及相邻关系、房屋规划建设、奖惩四大方面，共计17条具体要求，为村子发展提供坚强制度保障。

三是法制理念深入人心，村内安定有序。村"两委"在每年的12月4日法制宣传日当天，聘请律师事务所专业人员开展法律宣讲课堂，为村民讲解法律常识，同时免费为村民解决法律疑虑、提供法律援助等，村民法制意识日益增强。如遇矛盾纠纷，通过村内新乡贤调解委员会调节，做到"小事不出队，大事不出村"，村民关系和谐。

二、群贤治理，百花齐放

近年来，陈庄村"两委"积极响应镇党委镇政府号召，大力发展新乡贤文化，举办陈庄村首届"最美新乡贤＋移风易俗评选活动""陈庄村元宵节联欢晚会暨第二届最美新乡贤评选活动"，设新乡贤榜，制作新乡贤示范户牌匾，设立新乡贤调解室、新乡贤活动中心等，大力弘扬新乡贤精神，丰富"新乡贤＋"形式（图1）。

图1　东良镇陈庄村举办首届"最美新乡贤"暨移风易俗评选活动

一是"新乡贤+致富带头人"。近年来，"两委"班子开拓思想，积极探索发展本村经济之路。村支部书记何立杰借用之前经商关系引进保定服装企业投资建厂，鼓励本村自主创业人士何如意投资建立箱包厂，两家企业共吸引周边近300名剩余劳动力实现了家门口就业，使当地群众直接增收800万元，增加村集体收入2万元。同时，陈庄村带动群众大力发展现代高效农业，投资50万元，创建隆尧县厚德家庭农场，采用"合作社+农户"的经营模式，发展大棚葡萄50亩、秋桃种植100亩，打造旅游、观光、采摘为一体的现代农业产业园。

二是"新乡贤+义工"。近年来，陈庄村大力弘扬新乡贤文化，涵育文明乡风。依托"新乡贤+义工"模式，充分调动该村阳光义工团队和新乡贤投身乡风文明建设积极性，利用中国传统节日，组织开展形式多样的孝老爱亲活动，经常性地为村内孤寡老人、留守儿童等弱势群体举办饺子宴、粽子宴、茶话会、健康体检、文艺表演等活动，同时，村委会坚持每周一为村内80岁以上老人送牛奶、面包，用来改善老人生活品质，营造风清气正、文明和谐的良好氛围。

三是"新乡贤+移风易俗"。通过村内红白理事会协调，降低婚丧嫁娶标准，彻底改掉大操大办、互相攀比的不良风气。

三、改善人居，美化家园

2019年以来，东良镇陈庄村以乡村振兴战略为抓手，以"四季有绿，三季有花"的田园式乡村为目标，多措并举全力推进农村人居环境整治工作。

一是推进村庄绿化工作。在新东街等村内主要街道种植银杏98棵，高杆月季180棵，绿篱3万株，樱花、海棠200棵，打造樱花街、银杏街等特色街道。在尹大线东良至陈庄段种植望都塔桧500棵、红枫680棵，将陈庄打造成绿色田园式宜居乡村。

二是大力度开展空心村整治工作，建设公园、小游园。今年以来，陈庄村通过宣传、"两委"干部、新乡贤等走村入户做工作，动员群众拆除房屋2处，清理闲置宅基地24处，打造公园、小游园共计8处，增加村民休闲娱乐场所（图2）。

图2　东良镇陈庄村街角小游园掠影

三是打造美丽庭院。以人美、院美、室美、厨厕美、村庄美为标准，以妇女之家建设为契机，引导妇女群众打造高标美丽庭院160处、准精品庭院100处。

四是完善公共交通设施。硬化路面2100米²，2020年前完成村内所有入户道路硬化、亮化。村内主要街道新装LED路灯80盏、太阳能灯173盏。新建村史馆、农史馆丰富群众精神生活（图3）。

图3　东良镇陈庄村乡贤文化广场

邢台市南宫市凤岗街道谢晒衣村
"四议两公开" 破解乡村治理难题的"法宝"

编者按：农村的残垣断壁是影响农村人居环境整治的"硬骨头"。南宫市谢晒衣村坚持发挥"四议两公开"在农村"拆陋建绿"和"空闲院落"利用中的作用，活了土地、富了农民、聚了民心、美了家园，农民群众从中享受到实实在在改革成果，获得感和幸福感不断增强。

南宫市凤岗办事处谢晒衣村是个传统的农业村，该村在推进农村人居环境整治过程中，发现一个现实问题：一边是发展农村集体经济缺少设施建设用地指标，一边是村内残垣断壁"空心村"现象占用资源较为严重，影响观瞻。为了发挥乡村治理作用，实现村内资源有效配置，该村采用"四议两公开"方法开展"拆陋建绿"工作，唤醒农村沉睡土地资源。该村党支部从摸清村庄现状做起，共摸排出残垣断壁、破陋房屋20座，合计面积7400米^2。

一、为保证结果，充分发挥党支部主导、群众主体作用

在清理残垣断壁、建设"三园"过程中，该村做到了"党支部主导、群众主体"两个作用兼顾。党支部主导，即整个拆除、清理、建设投资及工程由党支部负责，拆除前清理、建设相关内容必须做到公开、公平、公正，一个标准、一把尺子。严格按照村"两委"班子、村理事会、监事会等"四议两公开"程序，统一村干部及村民代表意见。在整治过程中，村实地测量，乡登记备案。对确权颁证或符合条件的旧宅基地，户主保留宅基地划分资格，留下影像资料作为将来村庄可能拆迁补偿依据，减少阻力。群众主体，

即在建设三园过程中，该村注重发挥基层干部群众智慧，本着"少花钱办大事"原则，不搞大拆大建，而是因地制宜、就地取材，建园设计由农村干部群众自己动脑动手，充分利用拆除旧木料、旧磨盘、石碾等进行三园亭台建设。用拆除的旧砖硬化入户巷道。在拆旧建绿工作中，广大群众主动投工投劳。截至目前已累计投入人力1240人（次），利用拆后宅基建设农村"三园"19个（图1）。

图1　谢晒农村小游园

二、为巩固成果，提出了"三先三后一确保"原则

清理农村残垣断壁不是一日之功，不能一蹴而就，必须讲究方式方法。该村提出"三先三后一确保"原则，即先党员干部后百姓群众、先街后巷、先易后难，确保和谐拆除，不发生上访问题。清理农村残垣断壁必须先从党员干部自身做起、从干部身边亲朋好友做起、从觉悟高思想进步群众做起，从易于机械进出大街开始，不能上来就做有问题"困难户"工作，对于有实际问题"困难户"要整体考虑，动之以情、晓之以理，从解决实际困难入手，不搞强拆。必须全村同步开工，营造拆旧造绿浓厚氛围，打消群众顾虑。同

时，在拆除过程中，该村注重对古建筑、古遗址、古树、古村落等历史文化一律登记造册，加以保护，加强维护，使之成为群众记住乡愁的历史符号。

三、为扩大战果，提出"转院子经济"想法

品尝到"四议两公开"初战胜利果实的谢晒衣人没有止步，逐步延伸扩大成果。农村空闲房屋有效利用同样提上重要议事日程。老党员陈树亭退休在家，对这种现状看在眼里。2018年母亲去世清点老人遗物时他深有感触，勾起很多怀想，产生了建设谢晒衣村农展馆，以展馆为基础，走展农商齐发展致富"转院子经济"的想法。陈树亭的想法得到村党支部一班人的肯定。为做好这项工作，村党支部通过"四议两公开"程序通过了这项决议。2019年8月，村党支部书记宋东广组织全体党员捐献传统农业用具用品，并组织多次义务劳动，将展馆周围胡同及街两侧墙体进行粉刷（图2）。之后，又开办了反映本村老"地下党"为国为民从事地下工作展厅和反映20世纪五六十年代老党员干部作风展厅，弘扬党的优良传统和作风，倡导优良党风政风村风和民风。目前农展馆已初具规模，占用宅基地8处，占地面积2000多米^2，房屋40多间，展品8000余件。

图2　谢晒衣村农展馆

邢台市新河县仁让里乡后沙洼村

兴业安民拔"穷"根 "三治"结合局面新

编者按： 邢台市新河县仁让里乡后沙洼村坚持以"党建引领"，强化"堡垒"作用，探索集体经济发展新路径，发展特色产业，壮大集体经济，促进村民增收致富，抓好自治、法治、德治相结合的农村治理新体系建设，用心用情用力谱写农村治理有效"新河"篇章。

邢台市新河县仁让里乡后沙洼村位于新河县城东南15千米处，耕地面积4800亩，共有人口1654人，建档立卡贫困户68户106人，2019年已全部脱贫。全村党员49人，"两委"干部6人。近年来，后沙洼村不断夯实党组织建设，大力开展"移风易俗除陋习，崇尚节俭树新风"活动，抢抓机遇、谋求产业发展，多措并举完善乡村治理体系。2014年被县委县政府评为农业产业化经营先进村，2015年被县委县政府评为特色农业示范村，2016年、2017年被县委县政府评为农业产业发展先进村，2018年被县委县政府评为扶贫攻坚先进村。

一、夯实党组织建设，发挥"堡垒"作用

一是提升村党组织领导能力。 村班子有没有战斗力，村干部在群众心里有没有威信，关键在班子能否做到公开、公平、公正。为了提高支部的凝聚力和向心力，该村始终坚持以大局为重，做到不利于团结的事不干、不利于团结的话不说，坚信团结出战斗力，团结出政绩。做决策时，及时召开专题民主生活会，充分征求支委成员以及群众代表意见和建议，对村内重大事项决策和群众关心的重大事情，坚持办事公正，处事公平，事事公开。村里实

行村务、财务、党务三公开制度，增加工作透明度，消除群众隔阂和疑虑，赢得了群众理解和支持。

二是高度重视党建工作。 把符合条件的年轻致富能手发展成为党员，培养"两委"后备干部。近年来，该村共发展党员7名，为党员队伍注入了"新鲜血液"。

三是坚持党建引领农村社会事业发展，着力提升村庄公共服务水平。"火车跑得快，全靠车头带。"面对村民群众日益增长的公共服务需求，村党组织部切实发挥"领头雁"作用、村党员干部切实发挥先锋模范作用，努力补齐公共基础设施短板，多方筹集资金140万元新建了500平方米的高标准村民服务大楼、筹集资金90万元新建500平方米的村民活动中心、人民公园、平安公园、村民体育场、村民阅览室等村民活动场所，进一步提升了村庄公共服务水平，丰富了群众精神文化生活，人民群众获得感、幸福感显著增强（图1）。

图1　县领导参观村党群活动中心

二、积极推进特色产业发展，壮大集体经济，促进群众增收致富

一是外出观摩学习，坚定发展信心。 思想观念陈旧是制约产业化发展的

首要问题。为解决群众"怕冒险、等等看"的观望思想，该村先后组织200余名群众代表赴衡水市武邑县、巨鹿县南哈口村等农业产业化基地观摩学习，以当地农户亲身事例和致富经验触动群众心弦，使其思想有效转变。在观摩中，该村与当地致富能手达成建设指导、种苗代育、产品销售等合作意向，并聘请山东省专业技术员驻村指导工作，坚定群众发展信心。

二是实行统一管理，降低种植风险。成方连片土地和统一管理技术是产业化发展的根本。为此，该村学习山东地区经验，实行土地统一流转、种植技术统一指导、产品统一销售的"合作社+农户"的种植新模式，成立了新河县兴旺蔬菜种植专业合作社，并借助上级鼓励土地流转政策，科学规划成方连片土地600多亩，为产业化发展奠定基础。

三是推进特色产业发展，壮大集体经济，促进群众增收。2014年下半年，蔬菜市场遭遇了十几年不遇的低潮，导致群众种植积极性持续低下，聘请的技术员因资金不足也打算撤走。面对这种情况，县、乡党委、政府积极协调推动，全村干部群众坚定信心、不惧艰难，通过争取扶贫、农业等部门资金1500万元和群众自筹资金80万元，建成了以西瓜、甜瓜、青椒、金丝皇菊等果蔬为主的特色大棚95个，占地40亩育苗温室大棚两个，2400米^{2}的日光温室大棚一座（图2）。全村村集体收入年均增加320万元。

图2 农户在甘蓝菜大棚育苗

四是建立产业园区，拓宽致富渠道。该村紧紧把握上级加大农业投入和产业化调整这一重大机遇，制定一系列发展规划：积极争取项目资金，完善农业配套设施建设，新打机井5眼、新建现代农业服务中心一座、安装果蔬烘干机30台套；加快推进土地流转进程，制定了2500亩农业园区规划，为实现群众"在家门口致富"的梦想奠定基础；以"绿色、放心、无公害"果蔬为基础，注册了后沙村"沙洼"西瓜、甜瓜、金丝皇菊等农副产品品牌，增强了产品附加值，为传统产业进军大中城市市场增添了动力。

三、多措并举，构建自治、法治、德治相结合乡村治理新体系

一是制定村规民约，助力村民自治。后沙村坚持以社会主义核心价值观为准则制定村规民约，并通过村民大会、民主评议等方式，给予优秀者表扬奖励，给予落后者批评和督促纠正，结合"不忘初心、牢记使命"主题教育，制定了党员和贫困户一对一帮扶制度。新村规民约实施以来，乱堆乱放、乱倒垃圾的现象少了，村容村貌整洁了，文明户多了；婆媳吵架、邻里不和的现象少了，孝老爱亲互助互爱多了；婚丧嫁娶大操大办的情况少了，节俭办事的多了；聚众赌博的现象不见了，致力发展经济的多了……村民自我约束意识明显增强，村干部干事创业更有激情，党群干群关系更加和谐。

二是厚植法治理念，建设平安乡村。法治是治国理政的基本方式，后沙村坚持常态化开展法律法规宣传活动，利用多种形式，请县司法局、乡综治办等同志来村宣传党的十九大精神，成立司法、治安综合服务站，张贴有关方针政策、禁毒知识、扫黑除恶等标语30余条，建文化宣传墙20余个。村"两委"干部带头尊法学法守法，村民法治意识明显增强。

三是加强思想道德建设，助力乡风文明。以村风文明为抓手，结合精准扶贫、美丽乡村建设等工作，大力开展"移风易俗除陋习，崇尚节俭树新风"活动，后沙村利用原来的文化场所成立村级红白理事会，建设大众食堂一座，专门为村民红白大事服务，村委会一副职任会长，理事均为村民代表，负责监督实施红白大事，杜绝群众攀比之风。

邯郸市馆陶县寿山寺乡寿东村
以"三权下放"为突破口　实现乡村有效治理

编者按： 粮画小镇——寿东村作为"中国十大美丽乡村"，前往旅游的人数屡创新高。如何解决对本地人的有效治理和对外来人员的有效管理问题？乡镇把部分财权、人权、事权下放到村，发挥市场化管理机制，实现乡村有效治理。

寿东村位于馆陶县城西部、309国道南侧，距县城3千米，村庄面积240亩，交通便利。全村人口268户850人，民风淳朴，自然生态环境良好。党员41人，村民代表15人。近年来，村"两委"班子成员激发党员干部工作积极性，深入落实"六位一体"党建新模式，落实"四问+关爱"机制，以权力下放、引入市场机制为突破口，通过党的先进性建设，推进基层民主，不断创新乡村治理模式（图1）。

图1　寿东村美食街夜景

目前，寿东村已发展成为以粮食画为主体，兼有省级非遗葫芦烙画、麦秸画、蛋雕等文化产业，共打造了粮画制作观摩馆、咖啡屋、臭豆腐、豆腐坊、电影室、葫芦画、麦秸画、农家院等20余处旅游观摩景点。努力让旅游业成为美丽社区建设的支撑产业。寿东村先后获得"第四届全国文明村镇""河北省美丽乡村""全国十大最美乡村"等荣誉称号，是第二批"中国乡村旅游创客基地"，是河北省文化产业示范基地，国家级4A级景区。

一、主要做法

（一）夯实治理基础

一是为顺利推进乡村治理建设，寿东村成立乡村治理工作领导小组，实行一把手负责制，把治理工作摆在突出位置。

二是发挥基层党建引领作用，以组织振兴推动乡村振兴，以党建引领示范点建设、引领群众增收致富。

三是认真落实乡党委中心组学习制度，村级党组织"三会一课"制度，定期开展主题党日活动，抓好党员日常教育管理。

四是持续改进工作作风，积极为群众排忧解难、办实事好事，发挥好教育党员、管理党员、监督党员和组织群众、宣传群众、凝聚群众、服务群众的职责。

五是因地制宜，整合资源，采取调剂、改造、新建等多种方式统筹推进村级综合服务平台建设，办公设施整装，制度栏板健全。

（二）创新治理模式

一是调动和激发党员干部的工作积极性，深入落实"六位一体"党建新模式，落实"四问+关爱"机制暨发挥专职党代表作用，开展重温入党仪式、小镇党校参观（图2）、上党课、为群众办实事等活动。

二是加大农村法治宣传教育力度，完善农村法治服务，深入开展扫黑除恶专项斗争工作。

三是提升以德治村水平，加强乡村道德建设，制定村规民约，广泛开展"文明1+1"文明积分活动，挖掘身边好人好事，形成全村学好人、做好事良好社会风气；开展孝老敬老活动，成立弘孝协会、夕阳红小食堂，每周60岁以上老人免费就餐。

图2　粮画小镇党校

四是便民服务平台发挥重要作用。便民服务中心、社会事务调解中心、法律援助中心、新闻曝光等平台既方便了群众，又减少了治理成本，取得了很好的效果。

（三）推进基层民主建设

推进基层民主建设，使村民真正实现民主选举、民主决策、民主管理、民主监督。健全完善村党组织领导下的村民代表会、村民委员会、村经济合作组织、村务监督委员会治理架构。规范村务选举、决策、管理、监督程序，实行村务公开。民主生活体现在小镇的各个方面，作为"邯郸市产改第一村"的粮画小镇寿东村，将农村集体产权制度改革工作与美丽乡村建设完美结合，将清理出来的资源、资产，折股量化到村集体组织成员身上，交由村集体股份经济合作社统一管理，不断完善市场化运作水平，将集体资源盘活、增值，带动全村群众共同致富（图3）。通过"九个一"工作法，让群众充分明白改革的目的和意义，让群众

图3　寿东村股份经济合作社第一次分红

参与改革，成为改革主体，营造全民参与改革、关心改革、支持改革的良好氛围。

二、取得的成效

（一）干群关系更加紧密

通过党的先进性建设，使党员干部责任感、使命感、工作能力不断增强，通过党员志愿服务日，党员学习水平进一步提高，党支部战斗力进一步提升，党员队伍纯洁性进一步加强。以往责任不落实、政策不落实、工作不落实，形式主义、官僚主义问题严重的现象不再出现。"坚持以人为本、为民服务"工作宗旨得到了贯彻，得到了群众的肯定和称赞。

（二）小镇环境综合治理工作效果显著

寿东村作为旅游小镇，外来人员多，管理难度大。乡镇把部分财权、人权、事权下放全村，发挥市场化管理机制，解决了人员、资金不足问题。建立"天网工程"，大大减少了违法、犯罪行为；招聘管理人员队伍维护了市场秩序；建立的民事调解办公室较好解决了本村人之间、外来人员之间、本村人与外来人员之间各种关系问题。

（三）促进了粮画小镇各方面发展

在大家共同努力下，寿东村建成了集生态观光、度假、休闲、娱乐、餐饮于一体的综合性旅游景区，开创了乡村旅游全新模式。先后被评为全国美丽宜居村庄、首届河北不得不访河北十大美丽乡村、全国文明村镇、中国淘宝村、产业兴旺十佳村，成为国家4A级旅游景区，入选全国优选旅游项目名录、全国乡村旅游重点村和全国乡村旅游发展典型案例。

邯郸市武安市淑村镇白沙村
夯实基层基础　提高乡村治理成效

编者按：近年来，白沙村始终以习近平新时代中国特色社会主义思想为指导，紧紧围绕实施乡村振兴战略的总体部署，坚持加强党对乡村治理的集中统一领导，深入开展乡村治理创建活动，在新时代下举旗帜，育新人，兴产业，展文化，促振兴，让农村既有颜值更有内涵，让农业既有效益更有活力。

白沙村位于武安市东部，南与峰峰矿区接壤，西依巍巍鼓山，东望古城邯郸，距邯郸市13.5千米，距青兰高速公路淑村下道口3.8千米，所辖面积4.68千米^2（图1）。全村有720户2700口人，10个街道，103名党员。近年来，白沙村以习近平新时代中国特色社会主义思想为指导，紧紧围绕实施乡村振兴战略总体部署，坚持加强党对乡村治理的集中统一领导，夯实基层基

图1　白沙村全景图

础，以化解矛盾、崇德向善为主线，以完善村民自治、道德建设机制工作为抓手，深入开展乡村治理创建活动，为促进白沙村经济社会又好又快发展营造了和谐稳定的社会环境。多年来，白沙村未发生过一起治安刑事案件，并先后获得"邯郸市平安村""河北省民主法治示范村""全国民主法治示范村""全国文明村"等荣誉称号。

一、三个"到位"夯实基础显成效

一是领导到位，全面落实工作职责。成立了由党委书记任组长的乡村治理创建工作领导小组。领导小组指导党委领导下的工业发展、农村工作、商贸旅游、园区牧业四个党支部的乡村治理创建工作活动，加强了以党委为领导的自治、法治、德治的组织建设，健全了村治保、调解、普法、帮教、巡逻为一体的治理网络，各支部加强内部组织建设，全面落实了第一责任人的职责。

二是投入到位，确保有钱办实事。村党委、村委从"稳定也是发展"的思想和投入保稳定、治理显成效的高度出发，确保了乡村治理创建工作经费投入和硬件建设。近年来，白沙村投资400余万元专设了乡村治理创建工作室，并配齐网络视频、彩电等办公设备；投入58万元用于乡村治理创建宣传经费；同时，从办公经费中筹措资金310万元，购置600余件器材，提升治安、教学等设备器材品质和技术水平。在全村企业、街道、路口、施工场地等范围内，安装了安防设备400余个，村广播电视中心的视频一览无余，做到"一有情况及时发现、及时汇报"，确保全村的社会稳定，夯实了乡村治理创建工作的综合基础。

三是宣传到位，确保自治、法治、德治创建活动深入民心。白沙村采取各种形式宣传法律知识，如张贴宣传画、宣传标语，利用村务公开栏、发放宣传单等形式，深入开展"民主法治示范村"创建工作。

四是召开会议研究、部署自治、法治、德治宣传月活动。利用全村60个喇叭，在早、中、晚广播时间宣传乡村治理创建工作活动方案和内容，广泛宣传创建的目的和意义，做到家喻户晓，人人皆知，营造了"上下联动千家创，万人共建保平安"的浓厚氛围。

二、凝心聚力，村民自治促和谐

一是白沙村建立健全村治保主任、小区户长制的村民自治小组，聘用退休返村的老党员、老教师、老职工担任乡村治理创建工作护村员，在全村12小区720户村民中，成立了36个乡村自治小组，充分发挥他们退休不退热、热心为家乡献余热的高尚情怀，带动全村平安热心人一起活跃在全村的企业、街道、小区里，

图2　白沙村定期召开村民座谈会

助力乡村治理创建工作顺利推进（图2）。

二是创建乡村治理现代网络微信群，开展内容为乡村治理创建意识、治安防范、矛盾调处、法律知识、致富技术、文明新风、安全知识进万家的活动，确保信息传递的正能量，使村民们远离、并杜绝了黄赌毒现象。

三是强化矛盾纠纷调解处理。村民自治小组建言献策，加强调解中心力量。白沙村党委做到了人员、制度、环境设施三到位，设立民事纠纷调解室，并聘用文明法庭2名法官，选用村内德高望重、社会名流担任辅助调解员，进行诉前调解，实现化解矛盾走在诉讼前面的目的，并为群众提供法律咨询答疑服务，真正让调解发挥应有作用，解决民间矛盾纠纷。对调委会解决不了的问题，及时上报镇调解中心，为解决问题赢得时间，真正织起了一张组织建设走在工作前、预测工作走在预防前、预防工作走在调解前、调解工作走在激化前的调解网络。一年来，全村成功调处各类矛盾纠纷130余起，未出现一起集体上访案件，使各类矛盾纠纷消灭在基层，一直坚持"小事

不过夜，大事不出村"，在全年工作总结中，全村90%家庭达到和谐文明户标准。

三、齐抓共管，形成合力保平安

一是坚持乡村治理创建活动常抓不动摇，始终保持对违法犯罪的主动进攻和高压态势。十几年来，全村坚持自治、法治、德治协同发力创建活动，群众安全感大幅提高。

二是加强乡村治理创建监督，确保定期组织开展宣传教育，深入普及安全生产法规知识，不断增强全民安全防范意识。建立安全台账，责任到人。

三是对乡村治理创建建设队伍在政治上高看一眼，经济上多补一点，既在政治上关心，又在生活上体贴。坚持素质强队伍、政治建队伍，大力加强队伍全方位建设，切实加大了干部使用和职级配备力度，使队伍在政治上有奔头，工作上有干头，极大地调动了乡村治理创建干部工作积极性，夯实了基层基础建设，提升了乡村治理创建竞争能力。

四、因地制宜，产业兴旺促振兴

白沙是丘陵地区，土地都是岗坡地，靠种地只能解决温饱问题，为此，依据以往开石料厂卖石头的传统，村里形成了以开发石子为龙头、以生产高活性钙为先导，制作机制砂、免烧砖、商用灰并存的建材产业，走上了工业强村路。2009年，投入上千万资金对设备升级改造，安装干湿两用除尘设备。2010年投资1.3亿元建成全封闭、全除尘、全自动石子生产车间。十几年来，村办企业坚持上环保设备，不断改变生产工艺。《环保法》实施以来，环保不但没有成为负担，相反成了发展优势。目前，全村实现了工业为核心，农业、牧业、乡村旅游业多业并举、融合发展的格局。

五、共建共享　乡风文明聚民心

一是以治穷为突破口，倡导勤劳致富，培育新型农民，塑造实干精神。

集体支持村民个人办石子厂，村里涌现出了200多家炮车户拉片石，种地的农民不出门有活儿干有钱挣。上山干活的多了，村里闲人少了，打架斗殴、闹矛盾、小偷小摸等不文明现象基本没有了。原本无纪律、无规矩的村民转变为勤奋、实干、朴实的村民。同时，强化基础教育，在全市新农村率先建起标准化教学楼、幼儿园，并实行免费教育。繁荣乡村文化，建起红色文化广场、人民文化宫、5D电影城、图书阅览室、百里文化长廊、文化一条街、邯郸成语典故墙等。构建长效机制，建立奖学金制度，考入大专院校的学生，奖励每人5000～10000元。

二是创新集体主义形式，培育团结奉献精神。每年都组织几次义务劳动，冬天组织义务扫雪，春秋两次义务植树，夏季组织义务刮草。村民们以村民小组为单位开展活动，对完成义务劳动好的，召开村民大会进行表彰奖励，引导村民树立共建共享、团结奉献的理念。

三是倡导民主法治、公平正义，培育合格公民。村里制定了《村民自治章程》《村规民约》。2001年，村里还总结出了"一制三化"工作机制，"一制"即党支部领导下村民运行机制，"三化"就是支部工作规范化、村民自治法治化、民主监督程序化。每年召开两次全体村民参加的民主议政议廉报告会；每月一次党员村民代表会，决策村里重大事项，审议村务、党务、财务工作，并在橱窗、网络进行公示。通过这些做法，激发村民主人翁意识和遵纪守法观念。

邯郸市肥乡区辛安镇西南庄村
抓党建促"三治"管理　扛红旗建"水乡酒镇"

编者按： 西南庄坚持以党建引领促"三治"管理，传承"红旗"精神立足市、区示范，高标定位年度工作目标，创新开展"1+8+X"主题党日活动，活跃党组织活动载体，力促旅游发展，巩固精神文明，促民风提升，始终走在全区乡村社会治理先进行列。

西南庄位于肥乡城区西2千米，紧邻309国道和幸福大道，全村共360余户1680口人，2271亩耕地、"两委"干部7名。农业种植和交通运输是该村主要收入来源。针对当下村民喜自由、难管理和法治观念淡薄等问题，坚持党建引领，自治、法治、德治并举，不断探索新时代农村社会治理方式方法，承继"红旗"精神建成"水乡酒镇"省级美丽乡村，不断丰富乡村旅游元素。广大村民依法办事、诚信友爱意识明显增强，崇尚先进、比学赶超热情进一步彰显，农村社会和谐稳定。先后获评省美丽乡村、省文明法治示范村、市级文明村、市优秀基层党组织和市新民居建设"五颗明珠"之一。

一、承继"红旗"精神，打造水乡酒镇

作为当年的"红旗"村，历任村党支部书记立足市、区示范，高标定位年度工作目标，公开向群众承诺、接受群众监督，自断后路，超常发展，通过一届届村党组织压茬高标高效推动工作，切实将当年"红旗"精神传承并发扬光大。依托丛台酒厂和团结渠水面景观，致力打造"水乡酒镇"文化景观，突出酒文化元素，创建醉游人、醉月湾等一批别具特色的游园广场及对

联诗词。用丛台酒浓、香等10个特点做开头命名了村内4条大街和10条小巷，在村庄绿化和街巷硬化、亮化的同时，建设了村史馆、景观水系、游客中心和太阳部落、竹林轩等农家乐饭店。建设开心农场、各种果树果园和农业采摘观光园等，丰富了乡村旅游元素。为筑牢战斗堡垒，注重选拔农村优秀青年充实村"两委"班子，增强农村工作活力。创新开展"1+8+X"主题党日活动，活跃党组织活动载体，支部书记带头"两学一做"，开展"不忘初心，牢记使命"主题教育活动，累计组织集体学习和个人学习10余次，在全区起到了先锋模范作用（图1）。

图1 村党支部组织"1+8+X"主题党日活动

二、搞好村民自治，规范村务管理

健全完善村党组织领导下的村民代表会、村民委员会、村经济合作组织、村务监督委员会治理架构，完善民调、维稳、红白理事会等配套组织，筑牢农村民主管理组织基础。严格执行村级事务村党支部会提议、村"两委"会商议、党员大会审议、村民代表会议或村民会议决议和决议公开、实施结果公开，规范村务决策程序。坚持每季度定期公开和重大事项随时公开，认真组织召开民主议政议廉日活动，村干部述职述廉，村民代表评议，评出了压力，议出了动力，促进了工作（图2）。同时，将农村红白事、农村环境整治等事关广大农民切身利益的事项纳入村规民约，村各项事业健康和谐发展，村民主人翁意识显著增强。在2020年疫情防控期间，该村村民在党组织动员带领下，组建小分队，出资出力志愿服务疫情防控，指导村民在家防控、出门防护，为打赢防疫攻坚战筑牢了群众基础。

图2　西南庄村召开"1·20"民主议政议廉会

三、注重宣传引导，推动法治建设

该村建立了村级法律图书角、法治夜校和法制宣传橱窗等普法宣传阵地，通过发放《扫黑除恶专项斗争宣传册》《规范上访须知手册》和宣传讲解《宪法》等法律法规，增强了村民法制观念。村"两委"干部还带头执行村干部每月学法、村民每季度学法制度，在全村评出法律明白人30多人；组织开展法律志愿者、法律明白人与法治后进户"一帮一"等形式多样的学法、守法、用法活动，普及了法律知识。与此同时，村党支部每月召开一次依法治村工作会议，聘请法律顾问，对村集体重大事务、村民反映问题，依法提出意见建议，对村民纠纷等涉法事项，及时提供法律帮助等，形成了"有困难找法律"的良好氛围。社会秩序明显改善，广大村民小事讲风格、大事按村规民约办，懂法守法，诚信友爱，多年未发生重大治安刑事案件、越级上访和非法宗教等事件。

四、坚持移风易俗，倡导乡风德治

建设移风易俗、文明乡风示范街，把党的十九大报告和市、区工作要求镌刻在墙上，宣传党的政策，弘扬新风正气。组织群众制定村规民约，制定村民事务理事会章程和红白事办理流程及标准，明确理事会职责以及违反移风易俗承诺的制约措施，让村民有章可循、有规可依。大力倡导婚事新办、丧事简办，集中整治大操大办恶习，推进移风易俗。让村民公选最美村民、最美庭院、最美创业者等11类先进人物并上墙公示，让人人都羡慕先进、学习先进。筛选展示农村好家风家训，让优秀家风在每一个家庭传承发展。移风易俗深入民心，婚事新办、丧事简办蔚然成风，新风正气全面弘扬，孝亲敬老、践行好家风家训成为广大村民自觉行为规范。广大村民向各类先进看齐，争当先进典型，农家庭院一个比一个洁净美丽，家庭、邻里一个比一个和睦，各类善行义举得到全面弘扬发展。

邯郸市邱县梁二庄镇坞头村
"党建＋社会治理" 健全乡村治理体系

编者按：河北省邱县坞头村探索建立"党建＋社会治理"乡村治理模式，以党的建设为统领，通过不断提升创新，建立了自治、法治、德治"三治"融合乡村治理体系，辖区党员带头参与村级事物，逐步激活村民自治热情，实现村民思想由"事不关己"到"事事关心"的转变，有力推动了乡村治理。

坞头村位于邱县东南部，106国道纵贯村域南北，全村690户1798人，耕地3800亩，村"两委"干部7人，党员40名。近年来，该村按照习总书记提出的"产业兴旺、生态宜居、乡风文明、治理有效、生活富裕"乡村振兴战略要求，村"两委"班子紧跟时代步伐开启乡村治理工作，围绕"自治、法治、德治"三条主线，从抓实党的建设入手，发挥村民自治组织作用，逐步实现乡村治理与产业发展相融合，全力打响"坞头党建"品牌效应。2019年，该村被评为全国乡村治理试点村。

一、抓实党的建设，发挥党建引领作用

基层党建工作的基础在于村党支部，关键在于发挥党支部和党员先进模范作用。

一是强化党建引领，激活治理机制。紧扣镇党委"党建＋'三治'"工作模式，每月组织村"两委"干部围绕"党建＋'三治'"这一主题，谈思路做法、谈心得体会、谈问题打算等，从严抓实"三会一课"、每月20日主题党

日等基本制度落实。在进一步统一全村党员干部思想、凝聚共识中，党员带头参与村级事务，一步步激活村民自治热情，自发成立治安联防巡逻队、党员志愿服务队、秸秆禁烧巡逻队等队伍，实现村民思想由"事不关己"到"事事关心"的转变。

二是创新网格管理，推行居民自治。以"村党支部、村委会—胡同网格—党员、村民"为治理主线，根据人口、楼栋、胡同划分出15个网格，实现网格管理全覆盖。网格长由村干部和党员担任，引导村民参与村民公约制定、环境卫生治理、矛盾排查调解等工作，推动"官方治理"向"党领导下的村民自治"转变。

三是强化制度保障，提升治理效能。实施乡村治理，必须把制度建设贯穿其中，特别要抓住人、地、钱关键要素，完善村民自治制度。该村紧紧抓牢村规民约这一工作载体，严格遵循修改程序，在广泛征求意见和村两委共同研究基础上，每年开展《村规民约》修订工作，并印制成册，发放到户，宣讲到人，有效助推了依法治村工作开展。

二、抓住关键环节，统筹推进"乡村治理"

乡村治理有效，则需实现自治、法治、德治良性互动，最终达到"三治"融合。

一是推动综合治理，提升乡村自治能力。以平安建设为主线，以矛盾纠纷化解、社会治安防控、群防队伍建设为重点。充分发挥党员先锋调解队、平安巡防队伍、"五个十"队伍作用，引导新乡贤参与乡村治理事务，先培养一批再带动一批，不断提升村民自治能力。

二是推动依法治理，健全法治保障。该村以民主法治村创建工作为载体，强化宣传声势，营造浓厚氛围。在村广场设立法制宣传栏5处，全村打造宣传节点6处。同时充分发动党员干部、共青团员走访农户发放宣传资料500余份，并通过召开党员大会、村民代表大会等开展法治宣传，有效提高了农民法律意识和法治观念，增强了民主选举、民主决策、民主监督、民主管理意识和能力。

三是推动源头治理，实现以德治村。该村发挥漫画的独特优势，通过绘制漫画一条街、漫画展板等方式，大力宣传中华传统文化。积极开展"好婆婆""好媳妇"评选活动，大力宣传他们的事迹，营造良好社会道德风尚。每逢重阳、中秋、元旦、春节等节日，组织村老人参加"饺子宴"，营造尊老爱老浓厚氛围。

三、抓实载体建设，深入推进乡村治理

坞头村以思想道德建设为重点，以"三个突出"深入开展村风民风建设活动，村民道德文化素养大幅提高，民主法治理念显著增强，为社会风气和乡村生态生活环境的根本改善奠定了基础。

一是突出硬件设施建设，丰富"六大载体"。建成 1500 米^{2}村民活动中心，内设党建文化广场、农家书屋、文化礼堂、道德讲堂等宣传思想文化阵地，以此完善农村公共文化服务设施，将社会主义核心价值观以通俗易懂方式贯穿到群众日常生产生活中，进一步增强村民对党和政府的信任，坚定乡村治理信心。

二是突出村民自治组织建设，倡导乡风文明。为了缓解农村"精神荒芜"现象，该村强力推进村民自治组织建设，根据镇党委统一安排开展环境卫生、生态环境保护等工作，倡导移风易俗，引领文明新风尚。

三是开展志愿服务活动，关爱弱势群体。该村党支部组织全村党员分成两个党员志愿服务队，每队由 12 人组成，常态化开展志愿服务活动，定期组织开展卫生清理整治、治安巡逻等活动。党员与困难群众结成帮扶对子，自掏腰包慰问孤寡老人，帮助五保户、残疾人解决实际困难 34 件，营造邻里守望相助的美好氛围。

坞头村通过探索"党建+三治"模式，乡村治理结出丰硕果。该村依托河北润升农业科技有限公司，大力发展文冠果特色产业，文冠茶、文冠油成为坞头村明信片，每年举办的文冠果花节，带动了村第三产业发展，不仅村民腰包鼓了，乡村颜值也得到大幅提升。

邯郸市大名县大名镇岳庄村
抓好多元共治　实现乡村"善治"

编者按：为破解当前村级治理面临的党支部组织力不高、群众参与度不高、干群关系紧张等问题，大名县创设了村党支部为统领，村民议事会和村民协商会为议事决策、民主协商机构，村民委员会执行，村民监督委员会监督，农村新型集体经济组织等群团组织、民间组织共同参与的"一核领导、两会议商、多元共治"善治村级自治事务格局，集民智，聚民意，解民忧，多年遗留的难题得到有效解决。

岳庄村位于大名县县城北，215道西侧，人口285户1280人，耕地1610亩。全村共有党员42人，"两委"成员6人。近年来，岳庄村认真贯彻习近平新时代中国特色社会主义思想，深入贯彻落实关于农村的各项方针政策，团结带领广大群众，团结一致，开拓进取，针对农村基层治理难题，创新实施"一核领导、两会议商、多元共治"善治工程，把岳庄村建设成了产业兴旺、生态宜居、乡风文明、治理有效、生活富裕新农村，得到国家部门的肯定。2015年12月被国家减灾委员会、民政部授予全国综合减灾示范社区，2018年7月被司法部和民政部授予全国民主法治示范村（社区）。

一、突出党建引领，凝聚发展合力

村党支部坚持高标准、选能人、用强人工作要求，严把村干部入口关，注重从入党积极分子、转业军人、致富能手中培养工作能力强、责任心强、具有开拓精神的后备干部，优化班子结构，提高工作效率。村党支部充分发挥战斗堡垒作用，团结带领全村群众抓建设、优环境、上产业、谋发展，实现了村级各项事业跨越式发展。

二、实行两会议商，建立善治机制

针对农村基层治理难题，创新实施"一核领导、两会议商、多元共治"善治工程，在强化党支部领导基础上，成立村民议事会、村民协商会。村民议事会在授权范围内行使村级自治事务决策权、议事权，讨论决定村级日常事务。由村民议事会成员、本村有威望的老人、外出务工优秀人员、致富带头人、本村户籍离退休老干部和在职干部等组成村民协商会，对村级事务进行广泛协商，更好地集民智、聚民意、解民忧，实现政治协商制度向基层延伸（图1）。村务监督委员会、农村新型集体经济组织、工会、共青团、妇联等群团组织等共同参与村级事务，着力推动建立自治、法治、德治相结合的乡村治理体系。该机制建立以来，先后议定村级事务50余项，一些多年遗留难题得到了有效解决。

图1　岳庄村村支部书记王同保主持召开村民协商会

三、优化人居环境，改变村庄面貌

"晴天一身土，雨天一身泥。"这是岳庄村以前街巷的真实写照，也是制约该村发展的最大瓶颈之一，群众修路呼声强烈，岳庄支部班子把村道公路建设作为头等大事来抓，克服种种困难，打响了基础设施建设大会战，先后硬化街道4000多米，建成广场、游园20余亩，建成高标准农村社区，一举改变了基础设施落后的面貌，在较短时间内旧貌换新颜，成为全县远近闻名的亮点村、模范村。

四、壮大村域经济，发展致富产业

"立足农村，服务农业，致富农民，奉献社会"是岳村党支部坚持的理念。凭借带领群众致富的责任感和使命感，支部班子全体人员不怕吃苦，大胆摸索，勇于创业，闯出一条共同脱贫致富路子。村党支部筹资5万元为村内多媒体教室配置了3台电脑、1台投映机和120套桌椅以及其他相关设施，建立村民致富远程教育培训基地，对员工和养殖农户加强技能培训，着力培育懂知识、有技术的新型农民，投资500万元引进建设固定资产宝鼎制瓦项目，一方面解决了村内和周边大量劳动力就业问题，提高了群众收入，另一方面先后投入资金200余万元助力村庄建设，为村庄发展夯实了产业支撑。

五、突出文化特色，发展乡村旅游

高标准打造宜居休闲新农村，发展乡村旅游。先后投资400余万元，建成古朴风格村庄标识，坚持弘扬社会主义核心价值观与村庄历史文化相结合，建成一批寓教于乐、特色突出的文化节点，同时大规模开展村庄绿化，实行见缝插绿，建成村

图2　岳庄村村貌

东游赏园和环村林带，提升了群众宜居指数，打造看得见的美丽、留得住的乡愁（图2）。利用原砖瓦厂闲置空地，规划建设了总投资3亿元的宋城温泉度假村项目，该项目集户外拓展运动、生态餐饮、温泉度假、文化温泉、动感水上乐园、度假塘园区和花园洋房区于一体，进一步打造岳庄乡村旅游品牌。

定州市明月店镇三十里铺村
回汉团结如一家　苗木花卉致富路

编者按：三十里铺村结合村情实际，积极实施"科技兴农、产业强村、生态富民"的发展思路，壮大了苗木花卉产业，推动产业发展，增加村民收入。三十里铺村回汉两族相处融洽，全村土地全部流转用于种植苗木花卉，积极探索生态观光致富路。

明月店镇三十里铺村是回族和汉族聚集村落，紧邻镇中心，村内居民620余户2400余人，其中回族600余人，回汉两族和谐共生，繁荣与共。三十里铺村区位优势明显，紧邻107国道，村内外硬化率高达90%，交通四通八达，物流方便快捷。

近年来，三十里铺村以苗木花卉产业为基础，推进美丽乡村建设。村"两委"干部，结合村情实际，积极实施"科技兴农、产业强村、生态富民"的发展思路，壮大了苗木花卉产业，目前已流转土地2160亩，推动了产业发展，增加了村民收入，新农村建设取得良好成效，成为定州市明月店镇首屈一指的样板村（图1）。2014年9月三十里铺村被国务院评为民族团结模范先进集体，2019年11月被省民委评为民族团结进步创建示范单位，同期，被评为国家森林乡村，2019年12月被评为全国乡村治理示范村。党支部书记兼村委会主任宋丽敏同志2016年被河北省委授予"优秀共产党员"荣誉称号，2016年11月当选河北省党代表，2017年12月当选河北省人大代表，2019年4月被评为河北省劳动模范。

图1　三十里铺村郁郁葱葱的苗木花卉种植

一、学习研究，科学制定产业发展规划

村"两委"班子始终把学习贯穿于工作和生活之中，不断学习习近平总书记系列重要讲话、十九大报告和各级党委文件精神，尤其是习总书记关于生态文明的重要论述以及省委省政府关于农业种植"一减四增"的要求，不断用科学的理论武装头脑，提高自身的政治素养和理论水平，提升党组织履职能力，不断增强工作的原则性、系统性、预见性和创造性，努力适应新形势下对党支部、村委会的新要求。通过学习考察、研究判断，该村把建设美丽乡村、提升村民生活品质、建设幸福村庄作为主要抓手，把美丽乡村建设与产业发展、村民增收和民生改善紧密结合起来，制定了苗木花卉产业长远发展规划。

二、强化引导，推动苗木花卉产业向纵深发展

一是成立领导组织机构。 三十里铺村成立以党支部书记、村委会主任为组长，其他干部为成员的乡村治理创建工作领导小组，坚持把强化班子建设作为工作着力点，千方百计提升"两委"班子战斗力和凝聚力，同时加强相

213

互协调，齐抓共管，发挥整体合力。

二是探索生态观光致富路。三十里铺村苗木花卉产业已经进入产销一条龙的良性发展态势。苗木花卉产业已成规模，流转土地2169亩用于苗木花卉种植，苗木花卉产值占全村农业总产值的91%，全村97%的村民从事苗木花卉种植及相关的产业，80%的村民掌握了苗木花卉种植技术，组织化、规模化程度较高。该村以苗木花卉产业为基础，发展观光旅游和休闲采摘等致富途径。三届海棠节的成功举办，将该村规模苗木花卉经营打造成一张亮丽名片，同时也使三十里铺村千亩海棠基地声名鹊起（图2）。

图2　三十里铺村海棠节上盛开的海棠花

三是疫情来临，适时开展"云"观赏。第四届海棠节结合当前新冠肺炎疫情形势，创造性地利用网络直播以供四面八方未能前来的游客欣赏，四月海棠开，八方朋友来，真正使该村实现了共同富裕和生态宜居双赢。

三、一体推进，大力开展环境整治和民居建设

一是大力推行农村人居环境整治行动。村内环卫工人每天在村内巡逻，对村内大街小巷的生活垃圾进行集中清理、集中运输；村"两委"干部通过喇叭广播、村微信群等多种方式进行宣传，号召鼓励老百姓将生活垃圾集中投入村内垃圾桶内，村干部将巡街作为日常工作，发现有乱丢乱弃的垃圾堆，立即通知环卫工人处理。

二是利用旧场地翻盖新民居，让老百姓住上环境优美、更加卫生的居民楼。2017年村集体决定在三十里铺村北翻盖新民居，目前三十里铺小区一期于2018年底全部入住，二期正在紧密建设当中。对于在小区购买房子的村内

住户闲置下来的宅基地，村集体将用于打造民宿等场所，供前来观光旅游的游客休息，这也将为村集体增加收入。

四、全面发展，村基础设施和公益事业同步得以提升

一是基础设施管护及村容村貌得到了有效改善。三十里铺村每年从村集体经济收益中安排专项资金管护基础设施，实现了小型基础设施维修由社区自行组织实施的目标，美丽乡村环境整治自我建管能力得到加强，居民居住环境得到空前改善，村容村貌得到提升，结合千亩苗木花卉，真正做到了美化、亮化和净化。另外，采取以奖代补的方式，支持村秧歌队创新节目内容，以提高对外吸引力和知名度。这些举措都有力促进了三十里铺美丽乡村建设的发展。

二是农村公益事业得到了有效保障。村"两委"高度重视村内道路交通安全、村民教育和村民医疗卫生事业发展。绚丽苗木花卉合作社曾吸纳全镇多名贫困户，给予其就业帮扶，帮助他们脱贫，真正让群众共享发展村级集体经济的成果。

三是农村特殊群体的奖励补助得到了惠及。村"两委"从集体经济收益中适当安排专项慰问经费，用于在春节等重大节庆期间看望慰问"三老"干部、离职村干部、贫困党员、残疾人和80岁以上老人等，让他们感受到党和政府的温暖。

下一步，三十里铺村将继续大力贯彻落实"绿水青山就是金山银山"的绿色发展理念，并以绚丽苗木花卉合作社为经济发展中心，将其打造成为集旅游、观光、经济为一体的建设项目。

辛集市南智邱镇朗口村
保稳定　促发展　惠民生　育民风

编者按： 辛集市南智邱镇朗口村紧紧围绕"保稳定、促发展、惠民生、育民风"的工作主线，以基层党建实现固本强基，以特色产业谋划打通发展路径，以美丽乡村建设提升人居环境，以法治建设推动平安乡村，以推动移风易俗促进乡风文明，推动乡村治理有效开展。

辛集市南智邱镇朗口村，位于辛集市西南部20千米，处于辛集、宁晋、晋州三县（市）交界处，村内户籍人口845户2916人，土地面积6025.16亩，党员87人，村民代表36人，村"两委"干部5人，村集体年收入20余万。原来的朗口"两委"班子年龄老化，村庄破烂，群众生活困难，是乡亲们口中的"烂口村"。现任党支部书记上任后，带领村"两委"班子成员先从自身做起，带动党员为乡村建设发展率先出力，稳定党建基础；主打梨果、大棚蔬菜两个富民产业，引入多家企业，实现富民强村，促乡村发展；加强法治建设，推动移风易俗，推动文明村风，巩固乡村治理成效。

一、加强党建引领，实现基础稳定

朗口村始终坚持基层社会治理中党组织的领导地位，不断加强本村基层党组织的凝聚力和战斗力，实现固本强基。

一是强化村党组织的领导地位。 明确村"两委"班子及班子成员、村民代表、支部党员的参与方式，对无职村民代表和党员设岗定责，明确村民

216

参与村内治理的途径、方式，推动实现共建共治共享的乡村治理格局。在支部书记雒永拴带领下，朗口村党支部狠抓党支部和村委会班子队伍建设，不断提升党支部的向心力。党的活动经常化、制度化，"三会一课""四议两公开""两评两议""双述双评"各类制度在朗口得到深入贯彻。同时该村坚持开展"一名党员就是一面旗帜"活动，老党员、老干部，处处起到积极模范带头作用，使党员成为乡村治理的主力军，激发全体党员坚守初心本色、勇于担当作为，强基固本，实现基础稳定。

二是畅通全村沟通渠道。村内大事小情，由党员和村民代表集体做出决策，并通过大喇叭、微信群告知全村村民。基层党建扎实有效，朗口村各项工作开展少了阻力，增了动力，实现基层党建和经济发展、民生事业与社会和谐的同频共振。朗口村项目招标建设，公开公平进行，该村项目中标价永远在全镇各村中单价最低，项目建设质量最好。

三是加强村民服务中心和党员阵地建设。建有党员活动室、党群服务中心、综合服务站，以柜台式服务，配备齐全办公设备，强化村级组织服务职能，明确计生、民政等村级便民服务事项，做到清单、流程上墙公示。同时结合村级组织建设，明确服务人员，以支村"两委"和专兼职党员为服务主体，让党群连心更加紧密。

二、谋划特色产业，打通发展路径

朗口村村"两委"始终把"村有主导产业、户有致富门路"作为全村发展的切入点，通过农民合作组织建设和市场探索，以党员群体中的后备人才、技术骨干、致富带头人等为主体，率先发挥党员的先锋模范作用，谋划特色产业。目前已形成林果种植为主，蔬菜大棚种植为辅，林下经济相继发展的多层次格局。种植果树近3000亩，包括皇冠梨、蜜桃、巨峰葡萄等果树，实现人均1亩果，成为果树种植集中连片村。林下经济发展实现林上结果，林下育蘑，果农收入显著提升。同时党员带头，发展农户建设80余个蔬菜大棚，在不同时节分别种植黄韭、菌菇、反季节西红柿、黄瓜等（图1），

图 1　大棚黄韭种植

同时养殖白鹅近万只，构建蔬菜、家禽种养殖综合体系，成立专业种植合作社，实现年产值200多万元，为村民直接或间接增收180余万元，帮助更多百姓致富。2019年，该村又开始谋划高标准农田节水小麦育种基地项目，与河北省大地种业合作，繁育节水小麦良种，促进农业产业转型升级，带动村民增收，也促进村集体增收、财富积累，为该村继续集中精力谋发展打下物质基础。此外，该村结合实际，鼓励食品加工、机件加工等企业落地朗口，促进劳动力稳定就业。在发展的路上，朗口村永不止步。

三、强法治、促文明，育出好民风

一是深入抓好民主法治建设。一方面坚持以民主、公开、公正、公平的原则做到依法办事，依法施政，为村民做好服务；另一方面，成立调解委员会，定期联系管片民警、包村律师，加强沟通；以新乡贤群体作为调解委员，组织学习好各类法律法规，深入农户家中开展普法教育，协调各类社会矛盾、邻里矛盾，为民排忧解难，做到"矛盾不出村"。同时，村内不断完善硬件，2018年高清监控摄像头安装到位，村治安员定期巡查，发现问题及时上报，快速处理。朗口村多年未发生一起治安和刑事案件，成为平安乡村。

二是大力推进移风易俗，促进乡风文明。规范化、制度化创建了红白理事会、新乡贤理事会，选优配强老党员、老教师、老干部，为朗口移风易俗发光发热；党员为骨干，组成志愿者队伍开展义务志愿劳动；组建文艺骨干队伍，丰富文化活动，广场舞、秧歌、歌曲演唱，成了朗口公园的"标配"（图2）；村入口街道变成了乡风文明一条街，几十幅社会主义核心价值观、中华传统美德、文明公约、村民规约等公益广告，让人深受教育；村内常年开展"五好家庭、双文明户、优秀党员、好村民"评比表彰活动，用身边人、身边事，激励人们争做文明村民。现在的朗口，党心凝聚、党群连心，文明、美丽、和谐之花处处盛开，"让朗口变得更好"已成为全村上下的行动自觉和思想自觉。

图2　朗口村文化礼堂开展丰富文化活动